アメブロオフィシャルブログ
「妄想は世界を救う。」

かずみん

妄想のトリセツ

魔法のアイテムで
愛とお金を
引き寄せる!

ビジネス社

はじめに

私は、妄想していたらスルスルと願いが叶い、人生まで変わっちゃいました。って言うと、「いやいや妄想で願いが叶うなんて、そんなわけあるかい！」というツッコミをいただきます。ひどい！「イメージング」なんていうおしゃれな横文字で言ったら、みんなそこまでツッコまないくせに！

まあ、私が思うに「妄想」も「イメージング」も同じなんですけどね。

この本では、妄想が現実になる仕組みを書かせてもらいました。

現実化していく妄想には、コツがあります。

「こうだから、叶った」

「こうだから、現実にならなかった」

現実になる妄想と、現実にならない妄想の違いを、自分自身の体験と、私のブログに届く読者様からの膨大なメッセージをもとに分析しました。そして、「妄想という行為をうまく使いこなして、幸せな人生を送ってほしい」、そんな思いを込めた「妄想取扱説明書」ができあがりました。そう！それがこの『妄想のトリセツ』なんですね!!

うまく妄想できない、なかなか妄想が現実にならない……という人のために、妄想を助けてくれる「魔法のアイテム」も紹介しています。また、妄想しているだけでは現実を変えるだけのパワーが足りない！　というときのために、生活に取り入れると日々がちょっぴり楽しくなる「キーワード」も50音順に紹介しました。妄想してにやにや、日々の生活もにやにや過ごせたら、現実が変わることは間違いなしなんです。

さらに、「この分野は叶えられるのに、この分野は難しい」という声も多数届くので、苦手ジャンル攻略法もしっかり書いています。そして、何かというと「潜在意識」にばかりスポットライトが当たってしまいますが、「顕在意識」にも注目してみました。

いや～、1冊でこれだけの情報が盛りだくさん！

あなたがこの『妄想のトリセツ』を使いこなして、より多くの幸せを手にしてくれることを願っています。

2021年4月

かずみん

目次

第3章 毎日がちょっぴり楽しくなる 妄想キーワード

愛／いつか／運命／笑顔／お金／おもてなし／彼氏／奇跡／グルメ／結婚／恋／300万円／自虐／深呼吸／人生／好き／スマホ／千里の道も一歩から／空／大丈夫／タイムラグ／楽しい／直感／積み木／電車／ドリームキラー／ナレーション／にやにや／ぬくぬく／寝る／NO／パラレルワールド／引き寄せ／ふて寝／平凡／ぼーっ／欲しい／祭り／未読スルー／胸／召使い／妄想／妄想トーク／やる／夢は見るものじゃない／欲／ラッキー／リラックス／ルーティン／0・2秒／6億円／脇役

第4章 うまくいっていない現実も、妄想で変えられる！

第5章 妄想と現実の両方を幸せに生きる

第1章

そもそも「妄想」ってどんなもの？

妄想は、頭の中で自由な世界を創り上げられます。
脳内お花畑OK！
モテモテにだって、お金持ちにだってなれます。
妄想してわくわくしていると、
現実がだんだん妄想に近づいていくんです。
どうして現実が変わっていくのか、
その仕組みをお話ししますね。

現実が妄想に近づいてくる！

【妄想】

日常的な会話でも用いられることもあり、その際はいかがわしい考えや空想を表し、必ずしも病的な意味合いを含むわけではなく軽い意味で使われている。

（Wikipediaより）


「いかがわしい考えや空想を表す」

おやおや、これから妄想について熱く語ろうとしているのに、なんだか雲行きがあやしいですよ！

でも、確かに妄想って、あまりいい意味で使われることがないですよね。「まーた変な妄想して」とか「妄想はいいから、現実を見て」なんて言われることが多いんです。

でも、誰だって妄想したことありますよね。漫画の主人公になっている自分を妄想したり、「お金持ちになったらあれも買ってこれも買って……」とセレブになっている自分を妄想したり、はたまた「あの人、きっと私のことが嫌いなんだわ！」と被害妄想をしてしまうこともありますね。

頭の中で自由に世界を創り上げることができるのが、妄想です。ウィキペディアに書いてあるように、いかがわしいことだって思い描き放題です。そこにはなんの縛りもありません。妄想の中だけは「うふふ！　私は世界中に愛されているプリンセスなの」と脳内お花畑になることもできるし、「私は他の人とは違う！　選ばれし勇者なのだフハハハ……！」と中二病っぽい世界を楽しむこともできます。

私は妄想をテーマに何冊か本を出させてもらっているので、妄想は得意中の得意です。ぼーっとしているときに妄想をするのは当たり前。ご飯を食べながら、人と話しながらでも妄想できます。**その妄想の効果は、すごいったらすごいんですよ。**

今までに私の著書やブログを読んでくれている方には耳にタコでしょうが、初めましての方、どうか聞いてください。

私、好きになった人との恋がすべて叶ってきているんです。

小・中学生の頃の、恋に恋しているような思春期時代は大目に見てもらうとして、「あ、この人が好きだな。この人じゃないとダメだな」と思うような、切なさと苦しさも伴うような恋。こういった恋は、〝なぜか〟全部叶ってきました。

あ、ちなみにですけど、私の見た目はハニワです。人と話すのは苦手、一人でいるのが好き、趣味は読書と妄想。自分で言うのもあれですが、恋が叶う要素ゼロじゃないですか。**そんな私の恋がなぜ叶ってきたのか。その〝なぜ〟の秘密は「妄想」にあります**。

恋をしたら、「あの人が私のことを好きになってくれたら」「あの人が私のことを選んでくれたら、なんて素敵なの」って夢見る乙女になっちゃいますよね。私の場合は、度を越して夢見る乙女になっていました。夢見る乙女度MAXです。私は、大好きな人に愛され、全力で守られている存在。そんな妄想ばかりをしていました。

朝起きて、好きな人のことを思い出してにやにやするのは当然の儀式。歯磨きしているときも「きゃっ、もう邪魔しないでよ～」と後ろに好きな人がいる場面を頭の中で妄想し、着替えているときも「も～、今着替えてるでしょ～」とちょっかいを出してくる好きな人を妄想する。もはや、ホラーです。

現実の私はハニワなのに、妄想の中では浅倉南バリの美少女。美少女の代名詞で年代がバレてしまいますが、そうなんです。私は40代で、妄想について真剣にあれこれ語り続けています。うふふ！　楽しそうな人生でしょう！

はい、妄想の中で浅倉南になっても、実際の私が急に浅倉南になるわけではありません。顔はハニワのままですし、突然「甲子園に連れてって」などと言ったりもしません。心と頭の中がどんな妄想の世界に飛んでいようと、体が「居る」場所は現実です。

それでも、何度も何度も幸せな妄想をするんです。鏡を見るたび、自分のハニワっぷりにびっくりしようとも、いいんです。妄想の中では浅倉南なんですから。

妄想は、自分で好きなようにコントロールできる夢のようなものです。寝ているときに見る夢は、自分で操作ができませんよ

ね（できる人もいるかもしれませんが）。妄想は自分のキャラ設定も登場人物も脚本も、すべて自分で作り出すことができます。

妄想を続けると現実が変わる

私はこうしてずっと、妄想という名の夢を見続けながら、現実を生きていました。妄想は妄想、現実は現実。その辺はちゃんとわきまえています。いくら妄想を楽しもうと、現実で人を困らせない、戸惑わせない、頭のおかしいヤツだと思わせない（実際は頭がおかしいほど妄想に夢中になっていたとしても、周りにはそう思わせないことが大事です！）。それが妄想のプロのたしなみです。

昔の私は、ただ妄想の中で夢を見ているだけで良かったんです。妄想は、現実を生きるための栄養補給。現実で辛いことがあっても、妄想という逃げ場があれば、また現実を生きることができましたから。

そんな気持ちでいたのに、あれあれ？　**好きな人ができて、好きな人との幸せな妄想を続けていると、現実が変わっていくではありませんか。**妄想の中でせっせと創り上げていた私の中の浅倉南が、本当の私に乗り移っていくような感覚。引っ込み思案の私が、なぜか好きな人の前では「あなたが好きです」という思いを乗せながら、言葉をかけることができる。友達を作ることも苦手な私が、なぜか好きな人には「どこどこに一緒に行きませんか」と誘うことができる。

もちろん、いつもいつも私の中の浅倉南が現実で発動するわけではありません。勇気を出せず、自己嫌悪に陥ることもありました。それでも、ここぞというときには自分でもびっくりするほどの勇気を出すことができたのです。これには、「現実でうまくいかなくても、私には妄想があるじゃないか」という、避難場所があることへの安心感も大きく作用していたはず。ですがそれよりも、**「自然に」現実の自分が妄想の中の自分と同じように行動できてしまうことがあったんです。**

驚くことに、現実の自分と妄想の中の自分が近づいていくだけではなく、**好きな人、つまり「彼から見た私」も浅倉南になっていくんです。**彼にとって、私は「全力で守っていきたい女性」そのものになるのです。まさに、私の妄想が現実になっていったのですね。

「なんでやねん」と突っ込みたくなる人もいることでしょう。では、妄想が現実化していく理由を次からきちんと説明していきます。

エネルギーは同じもの同士が引き寄せ合う

私たちの体は細胞が集まってできていますね。その細胞をさらに細かく見ていくと、細胞は分子の集まりです。その分子は、原子の集まりです。その原子は、「素粒子」というエネルギーの粒の集まりになります。いや〜、生物・物理学が苦手の私はもうすでにいっぱいいっぱいですが、頑張って続けていきます。

このエネルギーは、細かく振動しています。この振動を「波動」と呼ぶのですね。**エネルギーや波動は、同じものや似たもの同士を引き寄せ合うという性質を持っています。これが引き寄せの法則です**（「エネルギー」は「波動」「周波数」という言葉に言い換えても問題ありませんが、本書では「エネルギー」という呼び方で統一していきます）。

音楽や香りなど、目に見えないものにもエネルギーがあります。音楽を聴いて「なんだか元気になるな」というときもあれば、「この曲を聴くと落ち着いた気分になるな」というときもありますよね。これは、音楽が持つエネルギーがそれぞれ違っているからです。**同じように、人の思いや感情も、エネルギーを持っています。**私がしていた幸せな恋の妄想も、エネルギーを持っていました。だけど「ただ妄想するだけ」では、「ただの妄想」で終わってしまうんです。**妄想を現実のものにするコツは、「妄想」のエネルギーと「自分」が同じエネルギーになることです。**

一度や二度、幸せな恋の妄想をしたからといって、それは現実になるほどのパワーを持ちません。では、妄想と現実のエネルギーがどのように同じになっていくのか、ウン十年前の私の妄想と現実タイムラインを見ていただきましょう。

恋愛が叶うまでのタイムライン

Ⅰ

妄想 素敵な人と愛し愛され、幸せな日々（妄想の私の幸せエネルギー100）

現実 人間関係うまくいかない、仕事も楽しくない、恋もしていない（現実の私の

幸せエネルギー　0）

妄想と現実のエネルギーの差……100

現実が苦しいから、「せめて妄想の中だけでも幸せになろう」という現実逃避ですね！

「妄想は妄想、現実は現実」とはっきり切り離しているので、現実の私は幸せを感じる余裕もなく、不満タラタラです。

Ⅱ

妄想　素敵な人と愛し愛され、幸せな日々（妄想の私の幸せエネルギー100）

現実　人間関係うまくいかない、仕事も楽しくない、でも好きな人ができる（現実の私の幸せエネルギー　20）

妄想と現実のエネルギーの差…80

「素敵な人と幸せ」という妄想をすることで、その妄想に協力してくれる人物＝身近に素敵な人が現れます（後で詳しくお話しします）。

何も楽しいことがなかった現実に、「好きな人ができる」という変化が現れ始めました。

Ⅲ

妄想 好きな人と愛し愛され、幸せな日々（妄想の私の幸せエネルギー100）

現実 好きな人がいるだけで、人間関係や仕事がうまくいかなくても毎日が楽しくなる（現実の私の幸せエネルギー50）

妄想と現実のエネルギーの差……50

妄想と現実のエネルギーの差が、少しずつ近づいてきています。ただ、この時点で現実はまだ目に見えて変わってはいません。

Ⅳ

妄想 好きな人と愛し愛され、幸せな日々（妄想の私の幸せエネルギー100）

現実 人間関係や仕事も少しずつ楽しく、良いものになっていく（現実の私の幸せエネルギー70）

妄想と現実のエネルギーの差……30

恋愛が叶うまでのタイムライン

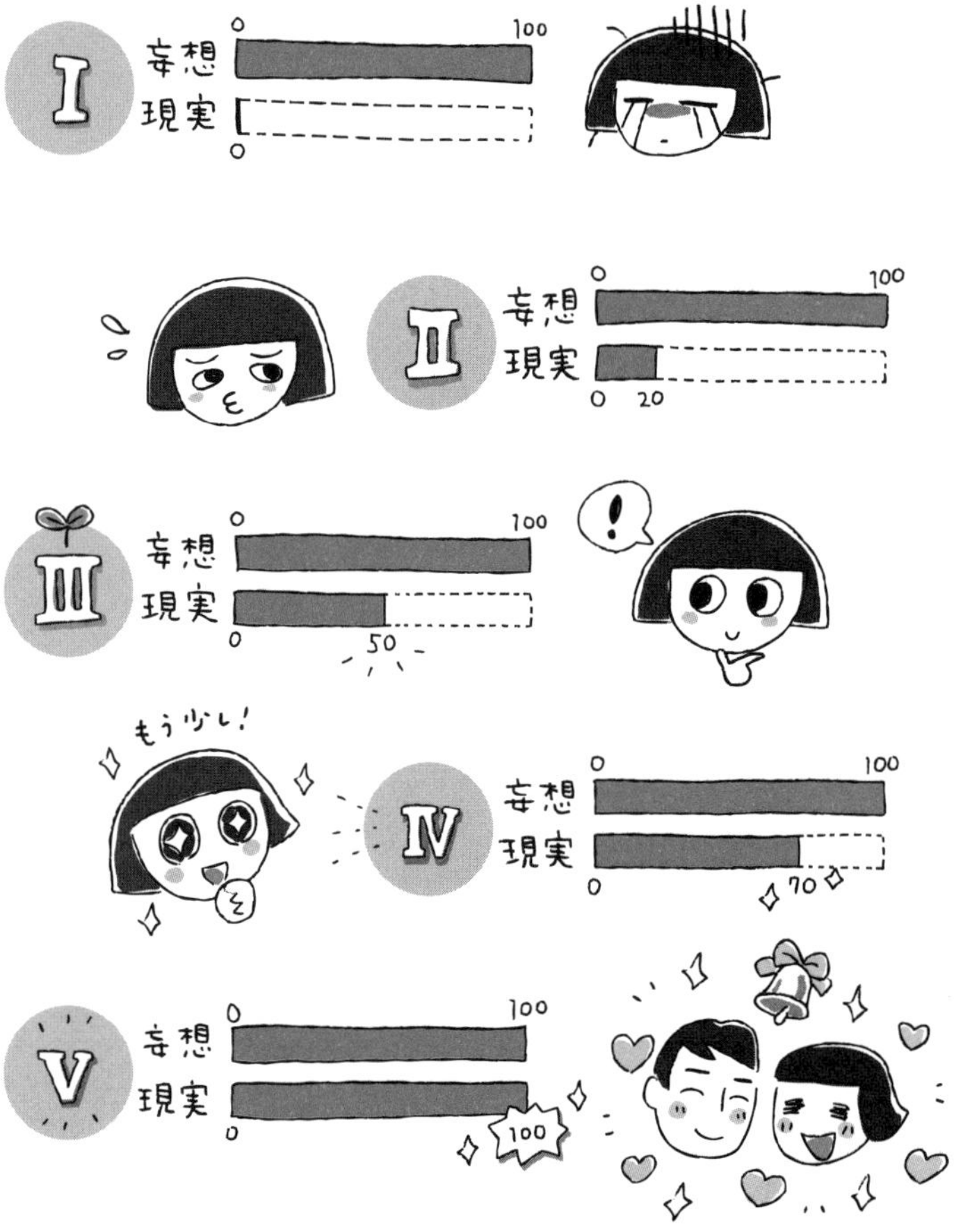

妄想の中で好きな人に愛され満たされているだけで、自分にちょっぴり自信が持てるようになり、笑顔も増えていきます。**これがおそるべき妄想パワー。現実の私はハニワでも、浅倉南のようにふるまえるようになっていくんです。**「妄想の私」に「現実の私」が少しずつ追いついてきました。

V

妄想　好きな人と愛し愛され、幸せな日々（妄想の私の幸せエネルギー100）
現実　好きな人との恋が叶う（現実の私の幸せエネルギー100）

妄想と現実のエネルギーの差……0

ついに、「好きな人と愛し愛され、幸せな日々」の妄想が現実になりました。

ここで気をつけてほしいのが、「自分のエネルギーが変わるのと、現実が変わるのは同時ではない」ということです。**いつも先に変わるのは、自分のエネルギー。自分が先、現実が後です。**

例えばⅣあたりで現実が変わり始めることに恐怖を感じ、「私が幸せなのは妄想だけでいいの！」と妄想の世界に閉じこもり、現実の私の幸せエネルギーが30に戻っていたらどうなったでしょうか。やはり、現実の幸せ度も30に戻ってしまうんです。

「現実が幸せだから、自分も幸せになる」ではなくて、「自分が幸せエネルギーになっているから現実でも幸せがやってくる」の順番が正解です。

（ただ、一つ申し上げておきたいこととして、自分が１００％幸せエネルギーになっていても、ドカンと大きな爆弾が飛んできたり、小さな石につまづくような出来事は起こります。それでも、その出来事を糧にまた成長し、強くなり、さらに大きな幸せを手に入れることができる。私はそう信じています）。

個人的無意識と集合的無意識

では、Ⅱで登場した「妄想に協力してくれる人物が現れるってなんやねん」という皆様の疑問について説明します。

「集合的無意識」という言葉を聞いたことはありますか？　人の無意識は、「個人的無意識」と「集合的無意識」に分けられています。「個人的無意識」は、個人的な記憶や人生経験に基づいて作られている無意識のこと。「集合的無意識」は、個人的無意識のさらに奥深くに存在していると言われており、国家や人種を超えて全人類に共通している無意識のことです。

なんだかややこしい話ですが、例えば「犬が好き！　可愛くて可愛くて仕方がない！」という人もいれば、「犬が怖くて仕方がない」という人もいます。「犬が怖い」という人は、もしかしたら過去に「犬に噛まれた」「犬に襲われた」「犬に追いかけられた」という「個人的な」体験をした可能性があります。これが、個人的無意識。

集合的無意識は、特に誰かから「そうしなさい」と言われたわけでもないのに、山や海などの自然を目にすると気持ちが安らいだり、太陽の光を浴びるとホッとする……というような感覚です。これらの感覚はきっと、世界共通ですよね。

また、友人の顔が頭に浮かんだその直後にその友人から電話がかかってきたり、誰かの話をしていたら、その当人がやってくるという「噂をすればやってくる」出来事が本当に起きたりもします。

これらも集合的無意識によるもので、「人の意識は深い部分ですべて繋がっている」と考えられているのです。

話を妄想に戻します。私が幸せな恋の妄想をしたその瞬間から、私から「幸せな恋」というエネルギーが放たれます。そのエネルギーは、同じように「幸せな恋がしたいなあ！」と思っている誰かの無意識下に届きます。「誰と、どこで出会うの」なんてことは、自分ではなく膨大なデータを持っている潜在意識に任せてしまいましょう。

自分のエネルギーが「幸せな恋をしている私」になったとき、「幸せな恋」をするために必要な人物がきちんと用意され、「幸せな恋」の現実が叶っていくのです。

逆パターンもあります。「異性は、私に冷たい」と思い、その通りのエネルギーになっていると、「異性に冷たく扱われる私」の現実を叶えるために、「冷たい異性」が現実に現れることになってしまいます。

現実は、「自分が欲しいもの」ではなく、「自分がなっている」エネルギーに反応するからです。

「引き寄せの法則」を知ってからのタイムライン

幸せな恋の妄想のおかげで恋愛は叶ってきた私ですが、その他のことはそれほど妄想していなかったために、人間関係も、仕事も、お金関係も、イマイチのままでした。「別に人間関係も仕事もそこそこうまくいっていればいいし、お金も別になくてもいいや」という考えだったので、その通りの現実がやってきていたのですね。

では、奥平亜美衣さんの著書をきっかけに「引き寄せの法則」の存在を知ってからの、私の妄想と現実タイムラインをご覧ください。

I

現実 **家庭を持ち、家事と育児に追われながらも幸せな毎日。贅沢な暮らしではないけど、それでもいいと満足していた**

Ⅱ 引き寄せの法則を知る

Ⅲ

妄想 お金持ちになっちゃえ！

現実 って言っても、どうやってお金持ちになるの？ 宝くじに当たる？ 夫が出世する？ アラブの石油王に気に入られる？

「どうやって」の手段はまったくわからないけど、お金持ちになった自分たちの姿を妄想。

Ⅳ

妄想 行きたい場所に旅行している自分たちの姿を妄想

現実 特に収入は増えない……。けど、格安旅行などを楽しむ現実は叶う

妄想通りに状況が叶うことはあっても、妄想しているときのエネルギーが足りていないために、「思ってたのと違う」という状況で妄想が叶うことがあります。私の場合は、「旅行」という出来事は叶うものの、お金がギリギリだったり、いつも財布の中身を気にして、旅行を心から楽しめなかったりということが続いていました。

V

妄想 好きなことを仕事にして、自由な時間も手に入れ、お金持ちに！

現実 ブログを書き始め、本の企画書も作る

「お金がある」という妄想を続けることで、「私も本を出してみたい！」という願いが生まれました。その思いに沿って、「ブログを書く」「企画書を作る」という行動を始めます。

思っただけで行動に移さなければ、思いのエネルギーは宙ぶらりんのままです。**現実の自分にもエネルギーを注入し、ピン！　ときた行動を実行していきましょう。**

Ⅵ

妄想 **好きなことを仕事にして、自由な時間も手に入れ、お金持ちに！**

現実 **本の出版が叶い、次々と仕事が舞い込んでくる**

自分が体験したい未来がはっきりとし始め、妄想が固定化されてきました。そのエネルギーに合わせるように、現実も動き始めてきています。

Ⅶ

妄想 **好きなことを仕事にして、自由な時間も手に入れ、いつでも行きたい場所に行ける毎日**

現実 **収入が安定し、夫が主夫業となり、家族の時間が増える**

家族との旅行やお出かけが好きな私は、そんな妄想ばかりしていました。食べることが大好きな夫が幸せそうに食事をし、はち切れんばかりの笑顔で嬉しそうにはしゃぐ娘の姿。

すると夫は主夫業になり、家族の時間が増えた上に、収入は増え、いつでも好きな場所にお出かけできる日々がやってきたのです。しかも、夫が学校の役員関係のことはすべてやってくれるので、苦手なことから逃れられるというオマケつきで！

やったあああ！

はい、妄想するだけで、こんなふうに現実がスルスル変わっていくんです。

ここでも「エネルギー」と「集合的無意識」がめちゃくちゃ作用してくれています。目に見えないけどしっかり仕事してくれる素晴らしい存在、それがエネルギーと集合的無意識!!

Vの「本を出してみたい」という私のエネルギーと、「こんな本を作りたい」「本のイラストを描きたい」「本を売りたい」そんな皆さんの無意識ががっちり一致し、私の本ができあがります。そしてそれは「なんか面白い本が読みたいなあ」と思っていた皆様の手元に届きます。はい！　もちろん今あなたが手に取ってくれているこの本も！

VIでは「好きなことを仕事にしたい」という私のエネルギーと、「こんな仕事をしてくれる人がいるかな」と探していた出版関係の人々とのエネルギーが引き合い、「好きなことを仕事にする」という私の妄想が叶います。
Ⅶでは家族との旅行を妄想していた私のエネルギーを叶えるべく、夫が主夫業になります。もともと、仕事が激務のときでも家族との時間を大切にしてくれていた夫なので、夫の無意識下にも「家族とゆっくり過ごしたい」という思いがあったのでしょう。「家族でゆっくり過ごす」「家族で好きな場所に行く」という妄想を叶えるために、ここでも現実がスイスイと変わりました。

「叶えるため」と書いていますが、周りの人々は「私の願いを叶えるため」に動いているわけではありません。それぞれが、自分の願いを叶えるために動いているだけなのに、結果として「私の願いを叶えるために動いた」ということになっていくのです。

自分にしか見えない、妄想という世界を楽しんでいたら、一緒にその世界を生きてくれる人が次々と現れる。妄想には、こんな素晴らしい効果があるんです。

ただ、先ほども書いたように、「妄想しているだけ」ではこのような変化は訪れません。妄想することで、現実の自分も変えていくことが必要です。

と言っても、それほど大変なことではありません。妄想で「その状態になっている」と、現実の自分も、自然とそのようにふるまえるようになっていくんです。

例えば、「作家になっている自分」を妄想し、「作家のエネルギー」になっていると、現実の自分も「作家のエネルギー」になっていきます。まだ本を1冊も出していなくても、「作家のエネルギー」で書く！　バリバリ書く！　文章が下手くそでも、とにかく行動に移すんです。大丈夫！　私もAmazonレビューで叩かれてもたくましく生きていますから！　スキルも、実績も、後からちゃんとついてきてくれます。

「好きな人に愛されている私」だって同じ。現実がまだ追いついていなくても、先に妄想の中で「愛されている私」になっちゃえばいいんです。妄想することで幸せホルモンと女性ホルモンがふわふわ分泌され、それだけで綺麗になっちゃうんですから！　そして自分に自信が持てるようになり、自分の中にいる浅倉南が発動し、そのうち現実の自分も「愛されている私」になっちゃうんです。

最初にお話しした、「私は世界中で愛されているプリンセス」だって、「私は選ばれし勇者」だって、自分がそのエネルギーになっていたら、周りの反応も現実も変わっていきます。

「私はプリンセス」と思いながら、自分自身を大切に扱い、出会った人には優しい笑顔を振りまく。1ヶ月に1回ぐらいは、休日のおやつを高級スイーツにしてみましょう。実際にテーブルマナーを学んでみましょう。心の中で、架空のじいやと会話してみましょう。

すると周りの人々も、あなたのことを「なんだか上品な人だな」「優雅な雰囲気を持ってる人だな」と感じ始めます。あなたが先にプリンセスのエネルギーになることで、プリンセスっぽい毎日がやってくるんです。

「選ばれし勇者」も同じ。ただ、こちらは設定を間違えてしまうと「周りには倒すべき敵だらけ」になってしまう可能性もあるので注意ですよ！

妄想でエネルギーを蓄え、そのエネルギーを現実の自分に注入する。そうすることで、現実は変わり始めます。あなたもぜひ、この妄想の魔法を体験してください。

第2章

妄想がふくらむ「魔法のアイテム」

妄想してるけど、そんなにふくらまない…という方のために、
魔法のアイテムを用意しました!!
ミラクルな道具の助けを借りて、わくわくにやにや、
楽しい妄想をどこまでも広げてください！

かけた瞬間から世界が変わる「設定メガネ」

人は、自分の「設定」を通して世界を見ています。ここでいう「設定」というのは、自分の中にある深い思い込みや固定観念のことです。

例えば、「犬」に対してどう思っているかは、人によって違いますよね。

私は犬が大好きです。もう、可愛くて可愛くて仕方がないです。一日中眺めてハァハァ興奮できます。子供の頃に家で犬を飼っていたことがあるので、私の「犬」に対する設定メガネは、「かわいすぎる」「好きで好きでたまらん」です。

が、過去に犬に噛まれた体験がある人は「犬は怖い」と感じているはずですね。そういった人の「犬」に対する設定メガネには、「噛んでくるから怖い」「すぐ吠える」「苦手」という情報が入っています。

また、私はクモが苦手なので、「クモ」に対する設定メガネには「怖いー！　ニガテー！（泣）」という情報が入っていますが、クモに対して「好き！」「カッコイイ！」という設定メガネをかけている人々もいます。

人それぞれに設定メガネをかけている

「恋愛」や「男性」「女性」、「お金」「自分」「人生」などすべてのものに、人それぞれの設定メガネが存在しています。

でもこれ、生まれたときの設定メガネはみんな、ピカピカで透明なんです。生まれたばかりの赤ちゃんって、ただ目に入ったものをそのまま受け入れます。「良い」「悪い」「綺麗」「汚い」という分け方ではなく、ただ「快」か「不快」の二通り。

お父さんやお母さんの優しい声やあたたかい手を「好き」と感じる本能はあるかもしれませんが、恐怖心は「見た」「聞いた」「知った」という体験から学習していくらしいですよ！ 小さい子は、ロウソクでゆらめく火を見て「なんだろう？」と興味を示し、触ろうとして「熱い！」と感じ、そんな体験を経て「火は熱くて危険なもの」と学んでいくのです。

誰もがみんな、綺麗なものを見て「綺麗だ」と感じ、嬉しいときには「嬉しい」と感じる心を持っていました。ですが、生きていく中でいろいろなことを体験し、様々な設定メガネをかけていくようになるんです。すべてのものを「好き」「美しい」と感じる必要はないんですけどね！　だけど、余計な情報が入ってしまった設定メガネは、違うものに取り替えてしまいましょう。

「自分」の設定メガネが「ダメなやつ」「後回しにしていい存在」「頭が悪い」「モテない」「お金もない」……おやおや、悪口のオンパレードみたいになってしまいましたが、もしこんな設定スイッチが入ってしまっているメガネをかけているなら、「私って最高！」「天才！」「かわいい！」「とっても大切なもの」「もうモッテモテ！」「お金からも好かれちゃう！」

こんな設定メガネにチェンジしましょう。

私の自己肯定感を上げてくれた父の設定メガネ

設定メガネをかけた瞬間から、あなたの世界が変わり始めます。いえ、厳密に言えば「世界が」変わるんじゃなくて、あなたの世界の「見え方」や「感じ方」が変わってくれるんです。

私の父は、「うちの娘は観月ありさ設定メガネ」をかけていたようです。ハニワの私なのに、父には娘の姿が観月ありさちゃんに見えていたのです。顔の造りも違えば、顔の大きさだって倍は違うだろうに……！（詳しくは『マンガでわかる「引き寄せの法則」かずみんスタイル』（ビジネス社）にて！）

それでも、「うちの娘は観月ありさ設定メガネ」をかけながら私にかけてくれた父の優しい言葉は、私にハニワ界一の美女を目指させるには十分でした。

自分の妄想の中で、私はハニワ界一の美女として君臨し、好きな人に溺愛される……。そしてその妄想は、現実になっていくのです。

父の「うちの娘は観月ありさ設定メガネ」は、私の自己肯定感を上げてくれました。私が今こうして幸せな毎日を送っているの

も、**父の設定メガネのおかげと言っても過言ではありません。**設定メガネは、人を変える力を持っており、お互いに影響し合うんです。

人生を幸せにする設定メガネに変える

「男性」の設定メガネは「私を守ってくれる存在」「強くて優しい存在」「一人の女性を愛し、大切にしてくれる存在」に。「浮気をする」「暴力をふるう」なんて設定メガネは、今すぐポイしてチリ一つ残さず燃やしてしまいましょう！

あなたが「男性は浮気をする」「暴力をふるう」「私に冷たい」という設定メガネをかけている限り、その設定メガネ通りの世界を展開するために、周りの人々がそれに応じた役割を演じるようになっちゃうんです。

あなたの周りに現れた男性は、他の女性には優しいのに、あなたが余計な設定メガネをかけているために、「浮気をする男」「冷たい男」の役割を果たすことになっちゃうんです。まあ恐ろしい！

これでは、自分の人生をわざわざハードモードに設定してしまっているのと同じですね！　人生をハードモードからイージー・ウキウキ・ハッピーモードに変えたかったら、曇ってしまった男性設定メガネを外して、「私を守ってくれる存在」「強くて優しい存在」「一人の女性を愛し、大切にしてくれる存在」設定メガネに変えましょう。

「恋愛」設定メガネは「幸せを感じるもの」「心が満たされるもの」「安心感を与えてくれるもの」「お互いに成長できるもの」の設定メガネに。

「人生」設定メガネは「美しく、素敵なもの」の設定メガネにしましょう。確かに、生きているといろんなことがありますが、人はいろんなものを見て、体験するために生まれてきた。その中には美しいものもたくさんあるはずです。

「仕事」設定メガネは「苦しく、しんどいもの」「お金のために我慢してやらなきゃいけないこと」じゃなくて、「自分がより輝けるもの」「好きで、楽しいこと」「素敵な出会いがあるもの」という設定メガネに。

「世界」設定メガネは「私を苦しめるもの」ではなくて、「私を喜ばせたくて仕方がない！」って設定メガネにしちゃってください。

あなたがメガネを通して見る現実が、実際に体験する世界になります。設定メガネを取り替えて、人生をより幸せなものにしてくださいね！

再生したものが現実になる「望む未来再生フィルム」

私の頭の中には「望む未来再生フィルム」が入っています。実はこれ、再生したものを現実にする力を持っているんですよ！　そう、映画館のフィルムとスクリーンみたいに。

映画は、フィルムに写っている画像がスクリーンに映し出されます。例えば、映画の「ハリー・ポッター」が見たいとします。何も写っていないフィルムをセットして、勝手にスクリーンにハリー・ポッターが映し出されたりはしないですよね？　もちろん、スクリーンにハリー・ポッターが映って、そのあとにハリー・ポッターのフィルムが映写機にセットされるわけではありませんよね。そんなことがあったら、びっくり仰天です。

私たちの世界も同じ。**フィルムが、自分の脳内。スクリーンが、現実です。**

現実が先だと思っていると、現実に反応しっぱなしのまま、日々が過ぎ去ってしまいます。現実で起きた嫌なことをまた脳内で再生してしまって、また嫌なことが現実に起きてしまう。その負のループが延々と続いてしまうんです。

「現実が先で自分の脳内が後」じゃなくて、自分の脳内が先、現実が後。これをしっかりと頭に叩き込んでくださいね！

大丈夫！　この「望む未来再生フィルム」は私の脳内だけじゃなくて、皆さんの頭の中にもちゃーんと内蔵されています。

でもこの「望む未来再生フィルム」は、ものすっごい便利で素晴らしいものですが、恐ろしいものなんです。

だって、あなたが「一人ぼっちで寂しい人生」を頭の中で再生していたらその通りの現実が、「貧乏で、欲しいものを何も買えない暮らし」を再生していたら、その通りの現実がやってくるんですから！

「望む未来再生フィルム」は頭の中を現実化する

この「望む未来再生フィルム」は、「空気を読む」とか「融通をきかせる」とかそういうことができません。あなたが頭の中で再生した通りのものを現実化させます。

映画やドラマだったら、ピンチがあってもその後に逆転劇があったりしますよね。そしてハッピーエンドで終わったりしますよね。

いやいや、残念ながらこのアイテムに、そんなふうに空気を読める機能はないです。あなたがピンチの場面ばっかり再生していたら、ピンチのまま物語は終わります。「私は脇役でいい」というDVDを再生していたら、あなたはずっと脇役のままで終わります。好きなあの人にも気づかれないまま、物語が終わってしまいます。あなたの人生は、あなたが主役の物語なのに。

今この瞬間から、

第1話：大好きなあの人に愛されてドキドキ編
第2話：好きなことが仕事になってウキウキ編
第3話：お金持ちになってウフフ編
第4話：好きな人たちに囲まれた幸せな生活ポカポカ編

第5話：好きなことはなんでもできてどこでも行けてお金も時間も自由があって本当に生まれてきてよかったありがとう編

脳内の「望む未来再生フィルム」を、こんな内容に差し替えちゃいましょう。
すべてが順風満帆すぎて、映画やドラマだったら「えー……これ、どこで盛り上がるんだろう」と物足りなさを感じてしまいますが、映画みたいに誰かに見せるものではなく、あなたが体験するためのフィルムです。起承転結とか、山あり谷ありとか、そんな設定はいりませんからね！

「人生は我慢するもの」「人生は苦しみに耐えるもの」という思いがフィルムに写っていたら、その設定を回収するべく、その通りの人生を体験することになってしまいます。「人生は修行」「人生は苦しいもの」という思いは、あなたが創り出したものではなく、他人から押しつけられた価値観だったのかも知れません。

フィルムに写っている、必要のない「思い」や「設定」をそのまま再生し続けないで、違うものと入れ替えてしまいましょう。

フィルムは、種を蒔いた畑と一緒です。自分の思考やエネルギー、自分が意識を向けているものがすべて種になります。それがフィルムである畑に蒔かれ、その結果である「実」がスクリーンになります。

現実に反応しっぱなしでは、フィルムもスクリーンも変わることがありません。現実を変えたければ、まずフィルム＝自分の内側を変える。**フィルムが先、スクリーンが後！　を合言葉に、自分の心がホッとするプラスの言葉や、見たいシーンをたくさんフィルムに焼きつけてくださいね！**

理想の自分に近づく「ジブン取扱説明書」

あ！　ここに取扱説明書があります！

なになに？　「かずみん取扱説明書」？

そう、これは人の数だけ存在している「ジブン取扱説明書」なんです。

先ほどの「設定メガネ」は世界や現実など、「外側」の設定を変えられるアイテムでしたが、この「ジブン取扱説明書」は自分の「内側」の設定を変えられるアイテムなんです！

まず、私の取扱説明書を読んでみると…

・好きになった人に愛される

・ハニワ界一の美女

という自分にとって最高に都合の良いものから

・喋るの苦手、書くのは好き
・運転苦手
・家事全般苦手、インテリアも収納も苦手

という得意・不得意のものと

・視力が悪い
・お酒飲めない
・三半規管弱い

などなど、体質に関係あることも書いてあります。

ただ、この「取扱説明書」の大きな特徴は、書き換えることができるという点なんです！

例えば私は、「ジブン取扱説明書」を、

・すごく貧乏なわけではないけど、すごく贅沢もできない金銭状況
↓好きなものを買えて行きたい場所に行ける生活

・すぐ風邪をひく。年に3回は必ずひく
↓ひかなくなったよ！　風邪をひいても割とすぐ治るよ！

このように書き換えました。

「視力が悪い」「お酒飲めない」「三半規管弱い」も書き換えようとしています。
私はド近眼なので、メガネやコンタクトを外すと何も見えません。だけど、温泉に行って裸眼でも少し見える程度には視力が回復する！　という仕様と、ディズニーシ

ーでお酒を飲んでご機嫌に過ごす、絶叫系コースターに乗っても平気な体になる！という仕様を、せっせとジブン取扱説明書に書き込んでいます。視力は特に、なかなかの強敵ではありますけどね！

今まで生きてきた中で思い込みが強い「ジブン設定」ほど、すぐには書き変わらないものです。「私は視力が悪い」なんて毎日のように体験している出来事なので、その分、超太文字で取扱説明書に書かれてしまっているのですね！

「ジブン取扱説明書」を少しずつ書き換える

「私はお金がない」「私の仕事は辛い」「私の周りは愚痴や不満を言う人ばかり」という仕様も、毎日そのような生活をしているために、太文字で書かれている可能性があります。

でも、「お金がある生活」「仕事が楽しい毎日」「私の周りは前向きで楽しい人ばかり」という妄想をしながら、根気よく書き換えていきましょう。

「お金がない」と感じたら、「本当にそうかな？」と「ジブン取扱説明書」の書き込みを疑ってみる。毎月決まった収入がある、ご飯を美味しく食べられる、住む家がある……と、「お金がある」「豊かさがある」ことに気づけたら、「私にはちゃんとお金と豊かさがある！」に書き換えましょう。

私の視力の仕様も同じ。「視力が悪くて何も見えない」を、「ぼんやりでも見える」「字が大きければ読める」というふうに書き換えていく。メガネやコンタクトに頼りきりにならず、裸眼で見てぼんやりでも「見える」と感じていく。

このような地味な行動の積み重ねが、「ジブン取扱説明書」を書き換えてくれるんです。

「設定メガネ」とダブル使用がオススメ

この「ジブン取扱説明書」は自己肯定感アップにも大いに役立ちますからね！

「私は可愛くない」「私はモテない」「私は太ってるから好かれない」いや知らんて。そんな設定は、あなたの「ジブン取扱説明書」に勝手に書かれてしまっただけです。

「あのアイドルは可愛い。私は可愛くない」

そんな説明文、いりません。超小顔で二重のあのアイドルも可愛いけど、超小顔じゃなくて一重の私も可愛い。そんな文章に変えてしまいましょう。**「あのアイドルのようにならなきゃ可愛くない」じゃなくて、「私も可愛い」でいいんですよ！**

実際、みんながみんな同じ顔が好きなわけじゃないですから。私だって、十人中十人が「イケメン！」と言うような俳優さんを見て「顔が整ってるな」とは思っても、全然好みじゃなかったりしますから（何様！）

あなたは可愛い。そしてモテモテ。それはもうモッテモテのモッテモテ。

「あの人のようになったらモテる」じゃなくて、「あなたがモテる」という仕様を「取扱説明書」に書き込んでください。

「ジブン取扱説明書」に書いてある通りに世界が展開されますから！

「設定メガネ」とダブルで使用したら、世界は自分の思うがままですね♡

幸せになるのを許可する「ジブン通知表」

ん！　ここには「ジブン通知表」が！

「ジブン取扱説明書」と似たネーミングですが、決して手抜きではありませんよ！

この「ジブン通知表」は、自分に対する評価が厳しいあなたに使ってほしいアイテムです。

私のジブン通知表には、

「朝起きた」
「歯を磨いた」
「ご飯を食べた」

「手を洗った」

「今日も生きてた！」


こんな項目が書いてあり、すべて「よくできた」に花マルがついていますよ！

誰ですか、「未就学児でもないのにその項目はなに」と冷たい目で見ているのは！

未就学児は褒めてよくて、大人には褒めちゃいけないなんて決まり、どこにもありませんもん！

本当はみんな、生きてるだけで花マルなんです。１００点満点なんです。

それを勝手に、「今日はこれができなかったから私はダメだ」「今日は怠けちゃったから０点だ」なんて自分で自分を減点しちゃってるんです。

あなたの「ジブン通知表」の評価欄には、

「今日も一生懸命頑張った」

「朝早く起きた」

「(無理して)笑顔で1日過ごした」

なんて項目はありませんか? そして、できなかったら「もっと頑張ろう」にチェックを入れていませんか?

はっきり言います。願いは、頑張り続けたから叶うわけではありません。サボっても願いを叶えている人は山ほどいます。幸せだって、努力し続けたからやってくるわけではありません。

願いが叶うのも幸せがやってくるのも、自分のエネルギー次第です。何かを頑張ったり努力することで、自分のエネルギーが「叶った自分」に近づくなら、頑張りや努力は決して無駄なことではなく、必要なことです。

私が、億万長者になる夢を持っているとします。

億万長者になった「後」はきっと、いろんなところに出かけ、美味しいものをたくさん食べているでしょう。

私はその「叶った後」に向けて、体力をつけるためにウォーキングをしたりトレーニングをしたり、美味しいものをたらふく食べるためにダイエットをして体型を維持しています。これらは「頑張り」であり「努力」でもありますが、「叶った後」に目が向いています。

これが、「ウォーキングやトレーニングをして、ダイエットをしていたら億万長者になれる！」と「ウォーキング」「トレーニング」「ダイエット」を「願いを叶えるための行動」として捉えていると、自分がまとっているエネルギーはまったく別物になってしまいます。

頑張った後に待っているであろう「幸せ」じゃなくて「頑張る行為」自体に意識が向いてしまっている場合は、残念ながら「幸せになるために頑張り続ける現実」が叶い続けてしまうんです。

どんな自分にも花マルを！

「こうしなきゃいけない」「こうであらねばならない」と自分に厳しくあり続けても、人生が好転することはありません。

できないことを数え続けても、現実は何も変わりません。**願いを叶えて幸せになるために歯を食いしばって努力するよりも、叶えたい未来を妄想しながら〝うふふ〜ふわふわ〜〟というエネルギーを発しているほうが、幸せはやってきてくれます。**

ただ、頑張らなくていいとは言っても、「楽なほう」を選び続けるということではないですよ！　**現実を変えるということは、自分を変えるということでもあります。**

痩せたいのに、今まで通りの生活習慣を続けていても痩せることはありません。食生活や運動習慣など、何かしらを変える必要はありますよね。

現実を変えるために、「えいっ」と勇気を出して一歩踏み出したり、あるいは頑張りが必要なこともあります。

でも、できないときがあったとしても、そんな自分にダメ出しはしない。そして、いつでも自分を好きな自分で在り続けてください。

一生懸命エクササイズに励んでいる自分も好き、スキンケアを頑張っている自分も好き、今日はゴロゴロしながらお菓子を食べちゃったけど、そんな自分も好き。

そんなふうに、頑張り続けている自分だけじゃなくて、たまには休憩してサボる自分にもマルをつける。頑張る日もあるけど、頑張らなかった自分にもOKを出していく。それでも願いが叶っていいし、幸せになっていい。

「ジブン通知表」は、幸せになる許可を自分に出すためのアイテムです。

「今日も生きてた」の項目に大きな花マルをつけて、自分自身に「今日もよく頑張った！　花マルです！」と優しく声をかけてあげてくださいね！

豊かさに気づく「なんでもお金に変換しちゃうコンタクトレンズ」

おや、ここにはコンタクトレンズがあります。ちょっとつけてみましょう…。

おおおお！　目に入るものすべてが、お金に見えますよ！

目の前にあるスマホもパソコンもウン万円のお札になっているし、マグカップも千円札になっています。私の本棚にはずらりと本や漫画が並んでいますが、これもぜーんぶ小銭やお札に変わっています。テレビも、冷蔵庫も、電子レンジも、諭吉さんになっています。

住んでいる「家」そのものに目を向けると…おおおー！　お金がいくつもの札束になっていますよ！

うわあ！　私ってこんなにお金に囲まれて生きていたんだー！

そうなんです。「お金がない、ない」って言ってる人、いますよね。あれ、実は勘違いなんです。

財布に入っているお金や、銀行口座に預けてあるお金だけがすべてではありません。「お金が欲しい」と感じている人は、お金そのものというよりも、「豊かさ」を欲しがっており、体験したいんです。お金があることによって得られる、「あれもこれも買える」「あそこに行ける」という喜び。「なんでもできるぞ！」というウキウキ感。お金が十分にあるという安心感。それらをまとめて「豊かさ」ということにしちゃいましょう。

繰り返しますが、「お金がない」と言っている人は、「お金そのもの」にしか目がいっていません。本当に欲しい「豊かさ」は、今もそこら中にあふれているのに。だって、少なくとも私のブログを読んでくれている皆様は、スマホかパソコンがある。ほら、ウン万円分の豊かさがここにあります！

いや、そうは言うけど、ものを全部お金に変換するなんて、なんか生々しくない……？　下品な感じがするし、なんか抵抗あるわ〜という方。

そういう方は、お金に対する不要な「設定メガネ」をかけているのかもしれませんよ！

あなたが使っているほとんどのものが、お金と交換することで手に入れたものです。毎日、たくさんのものを使っていますよね？　文房具だって、化粧品だって、お水だって、お金を支払うことで使えるようになりました。服を着ているのも、電車に乗れるのも、お金を支払ったおかげです。

お金は、生きていくために必要不可欠なものです。決して欲しがっちゃいけないものではないし、ましてや下品なものではないんですよ！

お金は自分をダメにするものじゃなくて、自分や周りの人をもっと幸せにしてくれるものです。「お金を稼ぐこと」や「お金を手に入れること」に抵抗感や罪悪感があると、なかなか金銭状況は変わってくれないので、まずは「私はこんなに、お金によって守られている」「お金のおかげで便利な生活を送っている」と感じてみましょう。

ほら！　「なんでもお金に変換しちゃうコンタクトレンズ」をつけて！

目の前に映るお金……もちろんお札にも小銭にも！　お金すべてに、

「お金大好きー！」

「お金のみんな！　ありがとう‼」

とスペシャルメッセージを送ってあげてください！

きっとお金のみんなも大喜びして、「ここのおうちの人は私たちを大事にしてくれるよー！」と大勢の仲間を連れてきてくれるはずです！

きゃー！　みんな幸せな世界がここに！

お金に代えられないものもある

ただ、お金がすべてだと言っているわけではありません。

お金に変換できないもの、絶対ありますよね。誰かからもらった手紙やプレゼントも、思い出の写真も、お金には代えられないものですね。

こういったものには、「プライスレス！」のシールをばーん！　と貼っておきましょう！　このプライスレスがたくさんあるのも、きっと幸せです。

「物」だけじゃなくて、あなたが今までに得た知識や経験も、プライスレス。

あなたの周りにいる家族やペットや友達も、プライスレス。

美しい地球も、プライスレス。

そして何より、あなたのその見える目も、鼻も、耳も、手も、足も、ぜーんぶ超極上のプライスレスです。

「その見える目欲しいから、100億円と交換してください」と言われても、あげられないですよね。

あなたは本当は、ただ生きているだけで100億円よりもっともっと価値がある存在なんです。ね！　その上、たくさんのお金にも囲まれて生きている！　豊かさに愛されまくっていますね！

ワクワク幸せを作る「ようこそ夢の国へエントランスゲート」

「非日常」ってステキな響きですよね。私、非日常感大好きです。映画館で、息をするのも忘れて目の前のスクリーンに夢中になる感じ。スタジアムでスポーツ観戦をして、全員が一体化するあの感じ。ライブ会場に入る瞬間と、好きなアーティストが出てきた瞬間。**うわあああああ！** って、全身の毛という毛がゾクゾクしますよね。

他にもまだまだ非日常体験ゾーンはあります。ディズニーランドのエントランスゲートをくぐった瞬間。空港の出発ゲート。高級ホテルのロビー。明らかに、大勢の人の「ワクワク」のエネルギーがあふれている場所や、わかりやすいぐらいに「ザ・高級」「ザ・優雅」というエネルギーに満ちあふれている場所があります。

そして、大好きな人との待ち合わせ場所。ありふれた場所なのに、突然特別な場所になることもありますね。

でも、そこが特別な場所じゃなくても、そこに特別な人がいなくても、いつでも非日常を体験することができます。

じゃーん！　それが、「ようこそ夢の国へエントランスゲート」～！

このエントランスゲートをくぐると、どんな場所もワクワクエネルギーにあふれた空間になってしまうんです。

スーパーやコンビニも夢の国！

じゃあ、このエントランスゲートをくぐって近くのスーパーに行ってみましょう。

きゃあ！　たくさんの野菜や魚が並んでいるー！　ええっ！　肉までー!?　食料品だけじゃなく、日用品まで買えました。ここはまさしく夢の国です！

では、「ようこそ夢の国へエントランスゲート」を使ってコンビニにも入ってみましょう。

……!!　すぐ食べられるおにぎりやお弁当が!?　お菓子も山ほどある！　商品を買えるだけじゃなくて、荷物を送ったり受け取ることもできるなんてすごいですね！

こんなに近くに、ワクワク空間は存在していました。そして私は、子供の授業参観や、習い事であるスイミングスクールに行くときもエントランスゲートをくぐっています。「うわあー！　ここに来れて嬉しいー！」という思いでいっぱいになりながら。

だって、この世からコンビニやスーパーが消えてしまったら。

そこで働いてくれる人が、誰もいなくなったら。

体調を崩して、スーパーやコンビニに行けなくなったら。

私か子供が病気か怪我をして、授業参観やスイミングスクールに通えなくなったら。

当たり前のようにあった日常がなくなってしまったら、とても辛いですよね。こんなふうに考えたら、いつも行っているスーパーやコンビニや習い事のスクールも、間違いなくワクワク体験ゾーンですよね！

幸せやワクワクを作り出すのは自分の心

ワクワク体験ゾーンがあるのは外だけではありません。自宅だって、エントランスゲートをくぐればどこだって夢の国です。

私は毎日、家で文章を書いています。「はー……サボりたい」と思うときもそりゃありますよ！　ありますけどね!?　でも、「書きたいのに書けない」なんてことになったら、とんでもなくツライです。

だから今日も、自分の見える目とチャキチャキ動く腕と正常な頭に感謝しながら、「今日もよろしくお願いしまーす！」とエントランスゲートをくぐりながら自宅の仕事部屋に入るのです。

寝るときは「ふかふかの布団ー！」と心底幸せを噛みしめながら寝室に入るし、トイレだって「ありがとう、もう本当にありがとう！」と思いながら入っています。

トイレに行きたいのに行けないあの苦しみ、体験したことがない人はいないですよね!?　そりゃもう「神様ごめんなさい」って謝りたくなるぐらい地獄ですよね!?　行きたいときにトイレに行ける幸せ……！　トイレだって、ルンルンで入っていいんです。本当ならスキップです。

会社も、行きたくない気分のときもあるでしょうが、「急に会社がなくなったら」「急に自分が仕事に行けなくなったら」なんてことになったら、やはり辛いはずです。5日に1回は、「仕事に行ってきマァース!!」ぐらいのテンションになってみるのもいいですね！


ただ、いつもいつも非日常のワクワクゾーンを体験してください、ということではないんです。非日常は「ときどきの体験」だからこそ楽しめるのもまた事実。どんなに楽しくても幸せでも、毎日ディズニーランドとライブに行ってたら、私の体は持ちません。

非日常のドキドキもワクワクも、日常の中にある。特別な場所や、特別な人や、特別なイベントがあるときだけワクワクするんじゃなくて、日常の中に見つけていく。

これが、本当の「ようこそ夢の国へエントランスゲート」の使い方です。

幸せも、ワクワクも、作り出せるのはいつも自分の心だということを、忘れないでいてくださいね！

願いが叶った後の世界が見える「スグヤル＆ケイゾク錠」

そりゃあ、やりたいこともいっぱいあるけどさあ……毎日忙しいんだよねえ。

そりゃあ、お金さえあればやるけどさあ。

「時間がないからできない」

「お金がないからできない」

はいそこ！　それは新しいことを始められない正当な理由じゃなく、ただの言い訳です！


新しいことを始めるのって、すっごいパワーがいるんですよ。「毎朝6時に起きる」とか、「毎日1時間ウォーキング」とか、「やってみよう！」とは思っても、それを実際に行動に移せるのはごく一部の人だけです。

そして、それを「続ける」のはもっとパワーがいるので、何かを「始めて」なおかつ「続けられる」人は本当に少ないんです。

ウォーキングやダイエットだけじゃなく、「妄想」や「思考の癖を変える」という、今この場でできることすらも、人はなかなか「始める」「やる」ということができません。

なぜなら、めんどくさいから。そして、脳は変化を怖がるから。つまり、新しいことを嫌がるからです。

幸せな妄想の習慣や、思考を変えるという行為は、自分の人生や未来を変えることに直結します。「変わりたくない」という性質を持つ脳は、急に「妄想」という思考の変化があると、「なんだこりゃ!? やばいやばい」とびっくりします。

幸せな妄想の世界を創り始めると、潜在意識はそれを現実のものにしようと働き始めます。すると脳は、さらに慌てます。「このままだと世界が変わっちゃう!」と恐れるんですね。

ここで出てくるのが、現状維持システムです。現状を維持するため、変化を起こさせないために、新しい習慣である妄想や、新しい思考を否定するための材料を見つけてきます。

具体的には、誰か身近な人に「妄想ばっかりしてないで、もっと現実を見て」というようなことを言われたり、ネットで「潜在意識なんて嘘っぱちだ」みたいな文章を目にしたり、新しい行動や習慣を強制終了させるために体調を崩す、なんてことも起きたりします。

ここで挫《くじ》けたら、脳の大勝利になってしまうんです。**脳に支配されるんじゃなくて、あなたが脳をうまく使いこなさなくては！**

はい、ここで「スグヤル&ケイゾク錠」の出番ですよ！　**「スグヤル&ケイゾク錠」を飲むと、「叶った後」の世界がはっきりと見えるんです！**

ほら、楽しそうに笑っているあなたがい

ますよ！

では早速1粒飲んでみましょう。

なんと!?　メキメキメキメキィッとエネルギーが湧いてきて、すぐにやりたくなってきてしまいました！　何を!?　それは、あなたが望む未来に進むために必要な何かです！

ある人は、「英語の勉強をする」かもしれない。ある人は、「ダイエットをする」かもしれない。私のように「ブログを書く」という人もいるかもしれない。なぜか急に本屋さんに行きたくなり、そこで出会った本が人生を変える一冊になるかもしれない。夢とは全然関係なさそうな「家を掃除する」という行動が、何かを変える一歩になるかもしれない。

妄想は時間もお金もかからない

初めに「時間がない」も「お金がない」も、できない理由にはならないと書きましたね。確かに、時間とお金がないとできないこともこの世にはたくさんあるけど、時間とお金がなくてもできることだって山ほどあります。

その代表格が「妄想」ではないですか！

これほど妄想のことを書いていると「でも私、そこまで暇じゃないんです」というメッセージが届くこともあり、私はひっそりハンカチを噛みしめています。**妄想は暇つぶしではありません。そして、どんなに忙しくても妄想はできるものなんです。**

朝5時に起きて家事をし、子供を起こして学校に送り出し、そのあと自分も仕事に行き、帰ってから子供のおやつを作り宿題を見、すぐに晩ご飯の支度とお風呂、そして寝かしつけ。その合間にブログと、本の原稿を書く。

こんなふうに家事と育児と会社勤めと作家業をしていたときも、しっかり幸せな妄想はしていました。

朝はゆっくり寝て、家でのんびり仕事をして、家族とも一緒に過ごせて、なおかつ収入は十分に入ってくる。欲しいものも買えて、行きたい場所にも行ける。

そして、この幸せな妄想は、しっかり現実のものになりました。

歯磨きしながらでも、メイクをしながらでも、妄想はできます。何かをしながらの妄想でも、一瞬だけの妄想でも、ちゃんと潜在意識はインプットして記憶してくれるんです。

時間とお金がないとできないことも、今すぐ自分の妄想の中で、疑似体験することはできますよね。

「そんなことできない」とやらなくていい理由ばかり探さないで、できることを見つけましょう。そして現状維持システムに負けず、それを継続しましょう。「スグヤル&ケイゾク錠」を飲んだときに見える、幸せな世界を忘れないでください。

読んだだけではなく、知っただけではなく、自分が「やる」こと。そして「続ける」こと。ほんの少数派しかできないこの二つを行うことで、幸せな世界は確実に自分のもとにやってきてくれます。

なりたい未来を創る「肩書きなんでもツクレル名刺」

なりたい自分に「なってから」そのようにふるまうんじゃなくて、実際になる前に、先になりたい自分になってしまいましょう。

そこでおすすめなのがこの品！「肩書きなんでもツクレル名刺」～！

これに、「なりたい私」の肩書きを書いてしまう！　そうしたら、その通りになれるんです。

私もブログを書き始めてすぐの頃、「妄想アドバイザー」という肩書きで実際に名刺を作りました。そのときは自分がどんな方向に進んでいきたいのか、どんなふうに生きていきたいのかもよくわかっていなかったので、「ブログや本を書きながら、お悩み相談みたいなこともやってる？　セミナーとかもやってたりして……」という未来を描いていたのですね。

その後、本を何冊か出し、「ブロガー・作家」という肩書きに変えて名刺を作ることになりました。

自分をそう扱うと現実が変わる！

私が使った「肩書きなんでもツクレル名刺」は、現実的な願いに沿ったものでしたが、思いっきりはじけた肩書きを書くのもいいですね！

私はこれから「肩書きなんでもツクレル名刺」を使って、「宝くじで6億円当選ブロガー」という肩書きの名刺を作ってみましょう！「ミリオンセラー作家」の肩書きもいいし、「有名人に大人気！妄想作家」もいいですね！「10歳若く見られる」「ハニワ界一の美女」もつけておきましょう。

肩書きは一つしかダメなんて決まりはないんですからね！いくつでもつけちゃいましょうね！「私はクレオパトラの生まれ変わり」「私の前世はシンデレラ」なんて肩書きでもいいんです！

そのように思って、そのように自分を扱う。そうすることで本当に、現実が変わっていくんですから。周りが自分のことをどう思っていようが、どう扱っていようが、

そんなんどうでもいい。後回しです。まずは自分が自分のことをどう思っているか。

そして、どう扱っているか。

「私は宝くじで6億円を当てた女！」と思ったら、「うおお！　すごーい！」ってなりますよね。自分がクレオパトラの生まれ変わりだって思ったら、「私って最高に美人ー！」ってテンション上がりますよね。

その「テンション上がるわー！」という「今」のエネルギーの連続が、次の現実を創り出します。

今この瞬間から、なりたい自分になった私に「なる」。なりたい自分が「好きな人に愛されてる私」なら、今この瞬間から自分で自分のことも大事にする。なりたい自分が「お金持ちの私」なら優雅にオホホと微笑んでみる。

「今の自分」で考えて行動するんじゃなくて「なりたい自分になった私」ならどのように考えて行動するか、想像してみる。

普通の主婦と、ベストセラー作家では、同じものを見ても見方が違うし、同じことを体験しても感じ方が違います。

「なってから」と現実が変わるのを待ってないで、「先に自分がなる」ですよ！

決めたことが現実になる「予定先取りカレンダー」

新しい年を迎えると、「今年はどんな1年になるかなあ」と思い、新しい月になると、「今月はどんなことが起きるかなあ」と思う。

あかーん！　それではただ起きることを待ってるだけではないですか！

いつかやってくる何かを待ち続けていても、その何かは一生やってきません。

まずは自分が

「今年はこんな1年にする！」

「今月はこんな素敵なことがあるな！」

と、先に決めてしまいましょう。

そこでこのアイテムです！　「予定先取りカレンダー」〜！

この「予定先取りカレンダー」に予定を書くと、その通りのことが起きるんです！

なぜなら、このカレンダーに書いた瞬間から、「それが叶った」エネルギーに、自分がなることができるから。

そのエネルギーに先になれる

例えば「4月10日　彼と水族館でデート♡」と書くと、自分のエネルギーが変わり始めます。本当に彼との水族館デートが決まったように、ウキウキエネルギーがあふれ出し、綺麗になる女性ホルモンもダダ漏れし、全身が幸せホルモンになっちゃいます。

旅行に行くのが決まったときだって、まだ「旅行先に行っていない」のに、予定が決まった瞬間からワクワクしますよね。旅行本番

だけじゃなくて、旅行を待っている間も、行った後も、思い出に浸って幸せですよね！

そんな感じ。

自分が「そのエネルギーになる」と、それに応じた現実が必ずやってきます。自分が「豊かなエネルギー」になっていると、さらに豊かさを感じられる出来事が。自分が「愛のエネルギー」になっていると、さらに愛を感じられる出来事がやってくるんです。

そのお手伝いをできるのが、この「予定先取りカレンダー」なのですね！

ディズニープリンセスは妄想上手

大事なのは自分のエネルギーです。夢が叶う「いつか」をただ待っているだけでは、あなたのエネルギーは「いつかやってくる幸せ」を待ち続けるエネルギーでしかありません。ということは、「幸せがやってきたいつか」はずっとやってこないということです。

シンデレラだって、ただ「いつか王子様と……」と夢見ていただけではないですから！　それはもうアグレッシブに、お城での幸せな日々を妄想していました。継母と義姉にこき使われる過酷な毎日の中で、シンデレラはいつも幸せな未来を夢見て妄想しています。朝起きた瞬間に小鳥たちとたわむれながら「いつかはきっと幸せになれる　たとえ辛いときでも　信じていれば夢は叶うもの♪」なんてのんきに歌い出しちゃったりします。

「素敵な王子様なんてここにはいないから、どうでもいいわ」なんて一言も言わず、毎朝綺麗に髪をとかします。そう、シンデレラはちょっとあほな子なんです（「あほになる」は私のブログや本の中では最高の褒め言葉です）。

ちなみに義姉二人も王子様との結婚に憧れ、夢見ていました。ところがその結果は……ご存知ですね。シンデレラは夢に描いていた通りに幸せを手にし、義姉二人には残念な結末が待っていました。

その理由は簡単です。義姉二人はただ夢見ていただけで、行動もエネルギーも伴っていませんでした。王子様と幸せな暮らしをしている人物が、家事をすべて誰かに放り投げたり、こき使ったりするわけないですからね。

一方、シンデレラは大変な家事をこなしながらも、幸せな未来を妄想しています。ただ夢見ているだけではなく、舞踏会の招待状が届いたときには「私にも資格があります！」と、はっきりと自分の主張も口にしています。

白雪姫だってそうですよ！　同居人は小人たちですが、小人たちと一緒に王子様との出会いをリアルに思い出しながら、「いつの日か私の王子様は来るわ」と、あほみたいに（↑褒めてます）歌ってご機嫌にアップルパイを作っています。

白雪姫が、「けっ！　若いイケメンが一人もいないし、こんな生活やってられるか！」とやさぐれた生活を送っていたら、王子様と結ばれることはなかったでしょう。いくら白雪姫が美しかったとしても。

自分が先に幸せなエネルギーになるから、幸せな出来事がやってくる。これは特別な法則でもなんでもなく、この世界で当たり前に作用している法則なんです。

「予定先取りカレンダー」を使って、幸せな予定をたくさん書き込んじゃいましょう。**先に喜び、にやにやすることで、追いかけるように喜びがやってきますからね！**

お金に愛される「幸せなお金持ちバッジ」

あれっ!?　ここにキラキラ輝いているバッジがあります！　見ているだけでワクワクしますよ！　早速つけてみましょう。

おおっ!?　なんだか0がいっぱいの数字が頭に浮かびましたよ！

んっ!?　これは……私が使っている銀行の通帳!?

なんと！　このバッジをつけると、「銀行口座に6億円が入っている」と体感できるんです！（もちろん、金額は「6億円」じゃなくても可。自分の心がいちばん喜ぶ金額で！）

あなたの銀行口座には、自由に使える6億円が入っています。

買いたいものは、なんでも買えます。行きたい場所は、どこでも行けます。

自分のためにお金を使うことも、誰かのためにお金を使うことも、自由です。ずーっと、お金の心配をする必要もありません。

あなたは喜びと幸せと自由とワクワクと安心感を手に入れたんです。

ひゃっほうーー!!

お金持ちになって街を妄想散歩

ちょっと、せっかくだから街を歩いてみましょうよ！　目に入るアレもコレも、全部買うことができるんですよ。なんなら、お店にあるもの全部買うことだってできちゃいます。実際にはしないまでも、「ああ、ここにあるもの全部買えるなあ！」と感じてみましょう。

お店をウロウロしていたら、お腹が空いてきました。たまたま通りがかったいい感じのお店に入りましょう。美味しそうなメニューがずらりと並んでいます。食べたいものを選べる喜び、最高ですね！

今までは「ここは高いから」と違うお店を選んだり、「安いからこっちでいいや」と妥協して食べるものを選んでいましたか？　これからは、いつでも「これがいい！」

と自分がいちばん欲しいと感じるものを選べますね。

お腹もいっぱいになったところで、公園をブラブラしましょうか。

……あれ？　公園ってこんなに素敵なところでしたっけ？

上を見上げたら、青い空に白い雲。どこまでも続く緑の芝生の上で、楽しそうに遊んでいる子供たち。幸せそうに笑っている家族。木々や草花も、太陽の光をたっぷり浴びて輝いています。池の水面も、光が反射してキラキラしています。

お金で買えないものでも、あなたを幸せにしてくれるものは山ほどあるようです。

そろそろ家に帰りましょうか！

……うーん、なんだかさっきから赤信号にばかり当たってしまいますね。

少し前のあなただったらイライラしたり、「ついてないな」なんて落ち込んでいたかもしれないけど、今なら全然気になりませんよね！　だって6億円ありますし！

赤信号を待っている時間だって、「今度はあれを買おう♪　あ、そうだ！　今度あそこに旅行しよう！」って幸せな計画でいっぱいですもんね！

あ、コンビニでコーヒーを買って帰るんですね。

ありやりゃ、レジで並んでいたのに割り込まれてしまいました。店員さんも気がついていないようです。「私が先ですよ」と言うこともできますが、まあいっか！　あなたには時間もお金もたっぷりあるんです。少し前のあなたなら、「チッ」と舌打ちしていたかもしれませんけどね！

お金に余裕ができたあなたは、心にも大きな余裕ができたようです。

心に余裕があるとお金にも愛される

「お金が入ってきてから」「お金持ちになってから」「豊かになってから」、自分を変えようとしていたのでは、遅すぎます。**先に自分が、心に豊かさを持つ。「幸せなお金持ちバッジ」はそのお手伝いをするアイテムです。**

心に余裕があるから、お金にも愛される。先に自分が「なる」ことで現実が追いついてきてくれるのが、正しい順番でしたね。**現実を自分が追いかけるんじゃなくて、先頭を走っているのは自分です。**

お金があれば幸せ、お金がなければ不幸と言い切ることはできませんが、お金があると、すべてにおいて選択肢が増えます。

自分の喜びのためにお金を使うこともできる。

自分の成長のためにお金を使うこともできる。

誰かの幸せのためにお金を使うこともできる。


お金があっても幸せとは言えない人がこの世界には確かに存在しているけど、あなたなら大丈夫ですよ！「幸せなお金持ちバッジ」を外しても、あなたの心には、豊かさと余裕が満ちあふれています。

6億円の銀行口座が現実になるのも、遠くない未来ですね！

頼り、頼られる幸せを感じる「お願い連絡網」

この世界には、あなたが願いを叶えたり、幸せになるために必要な連絡網が存在しています。**この「お願い連絡網」は、目に見えないだけで、多数の人と潜在意識下で繋がっているネットワークです。**

そう、第1章でお話しした「集合的無意識」と呼ばれているアレですね。この集合的無意識は、知らない人ともピコンピコンとコンタクトを取り合います。

自分の世界を創り出しているのは自分ですが、願いを叶えるのは一人の力ではありません。私が「本を出したい！」と願ったとき、その情報は「お願い連絡網」に伝達されます。全世界の人々が使用している掲示板で、「本を作りたい人、いませんかー！」と募集をかけている感じです。

潜在意識の中で「本を作るぞ！」「本のデザインなら任せて！」「本のイラストを描

いてみたい！」「本の校閲しちゃうから！」「本をジャンジャン売るよ！」と思っている人々に、私の「本を出したい！」という情報が届き、一緒に協力して「本を出す」という一つのゴールに向かうことになります。

ですが、他の人々も「私（かずみん）のため」に頑張っているという意識はありません。**それぞれが「自分の願いを叶えるため」「自分の幸せのため」に動いているのだけれど、結果として「私の願いを叶えるために、多くの人が手を貸してくれる」という状況になるんです。**

だから、「私の願いのために他の人の手を借りるなんて申し訳ない」なんて遠慮せずに、どんどん「お願い連絡網」を使いましょう。

あなたが「幸せな恋をしたい」と思ったそのときから、「お願い連絡網」に「一緒に幸せな恋をする人、いませんかー！」という募集が流れ、運命の人と出会えるんですから。

苦手なことは、得意な誰かにお願いする

願いを叶えるときだけじゃなくて、自分ができないこと、苦手なことも「お願い連

絡網」をバシバシ使って、周りに頼っていきましょうね！

私は運転が大の苦手です。運転免許は持っていますが、もう一生運転したくありません。インテリアのセンスもゼロです。裁縫も苦手です。お金の管理もさっぱりです。ぜーんぶ自分で上手にやろうと頑張るよりも、自分が苦手なことは得意な誰かにお任せしちゃうほうが、みんな幸せな結果が待っています。車の運転は、道を覚えるのが得意な夫に全部お任せしてるし、インテリアは娘に任せちゃってます。裁縫は私の母にお願いし、お金関係は税理士さんに依頼しています。

だけど、私は電子機器の配線や設定は得意です。わからないことがあっても、ネット検索を駆使しながらやり遂げることができるんですよ（えっへん！）。

自分にできることを誰かの代わりにやることはもちろん、自分にできないことを誰かにお願いするのも、生きていく上で大切なことです。

頼り、頼られる幸せを「お願い連絡網」を通じて感じていきましょうね！

どんなハードルもとっぱらう！「いらん思考ぶち壊しハンマー」

「お金も人脈もないから、この願いは叶わない」

「若くないから、もう叶えられない」

「叶えた人が少ないから、難しい」

願い実現を邪魔しているのって、大抵が自分の中にある「いらん思考」です。

そんないらん思考をぶち壊してくれるのが、これ！「いらん思考ぶち壊しハンマー」〜！

はい、では早速ぶち壊していきましょう！


「お金も人脈もない」　**ドーン！**

「もう若くない」　**バーン！**

「叶えた人が少ない」　ドンガラガッシャーン！
「彼には彼女がいる」　パリーン！
「彼は結婚してる」　パッカーン！

どうです？　ストレス解消にもなりますね！

あなたの中にある、いらん思考。これらは大体、自分の過去の体験や「今の現実」からできあがっています。「今の現実がこうだから、きっと叶わない」「今の現実はこんなだから、願いが叶うのは難しいだろうな」と思ってしまったら最後、人はその思考を何よりも大切に抱えてしまうんです。

今の現実に、固執する必要はありません。現実にしがみついているのはあなたです。

「でも、彼に彼女がいたり、結婚していたら、恋が叶うわけないじゃない」ですって？　そう思うのはごもっともです。スタートラインに立った瞬間から、目の前に大きなハードルが立ちふさがっているようなもんですよね。

でもほら、そのハードルに自分からしがみつかなくてもいいじゃないですか。それに、なーんのハードルもない道なのに、わざわざ自分でハードルを作る人もいますよね。「私は若くない」「私は可愛くない」「私は痩せてない」「私は時間がない」なんて言って。

そんなハードルも、「いらん思考ぶち壊しハンマー」で壊してしまいましょうよ！

現実をハンマーでぶち壊す！

人を好きになったり、願いを持つことは、それだけでとても素敵なことです。

彼に彼女がいたり、結婚していても、問題なく恋が叶うよ！　と大きな声で言えるわけではありません。でも「叶わない」と決めつけることもないと、私は思うのです。

あなたの胸をそれだけ苦しめるほどの素敵な人に出会えた、それはまぎれもない事実です。「叶うわけない」という思考をぶち壊し、ただ「好き」の気持ちに浸る。現実がダメならせめて妄想の中だけでもと、彼との幸せな妄想の世界に逃げる。

この時間は、あなたの現実を変え始めます。

こうして自分で自分を幸せにしていたら……あらふしぎ。自分の外側からも、幸せがやってきてくれます。

それで彼との恋が叶うかどうか、約束できるわけではありません。私がいくら「叶うよ！」と言っても、あなたの中のいらん思考が元気な限り、「叶う」という現実はやってこないからです。

「叶わない」に目が向きそうになったら、「いらん思考ぶち壊しハンマー」で思考をクリアにしちゃいましょう！　「なんだ、こんな簡単なことだったんだ」って言いたくなるぐらい、願い実現までの道があっさりと開くことがありますよ。

今の幸せを確認する「悪夢サングラス」

おっと⁉　なんだか不穏な響きのアイテムが出てきてしまいましたね！
「悪夢サングラス」は精神的に良くないのであまり使ってほしくはないのですが、自分の心が不足感でいっぱいになったときに活用してほしいのです。

このサングラスをかけると、文字通り悪夢の世界になります。
大切な人を失います。
愛する人に裏切られます。
自分の周りは敵だらけです。
どこに行っても、追いかけられます。安息の地はありません。
動くたびに、体に激痛が走ります。

太陽も消えます。

空も、海も、山も、全部が暗黒色です。

ぎゃああああ！　怖い！　怖すぎるーーーーーー‼　もう、これ以上は書けません！　限界ですーーー‼

だ、大丈夫です！　今すぐ「悪夢サングラス」を取ってください！

ほら、あなたの大切な人はちゃんといます。

周りに敵なんていません。誰かに追いかけられる現実もありません。

あなたの体は、健康です。多少なりと痛いところはあるかもしれませんが、生命力がみなぎっています。

太陽も輝いています。

空も海も青く澄んでいるし、山も、緑が眩《まぶ》しいほどです。

この世界は、こんなにも美しいものであふれています。ずっと美しく優しいものに

郵便はがき

料金受取人払郵便

牛込局承認

9410

差出有効期間
2021年10月
31日まで
切手はいりません

162-8790

東京都新宿区矢来町114番地
神楽坂高橋ビル5F

株式会社ビジネス社

愛読者係 行

ご住所 〒 TEL:　　（　　）　　FAX:　　（　　）		
フリガナ お名前	年齢	性別 男・女
ご職業	メールアドレスまたはFAX メールまたはFAXによる新刊案内をご希望の方は、ご記入下さい。	
お買い上げ日・書店名 年　月　日　　市区 町村　　書店		

ご購読ありがとうございました。今後の出版企画の参考に
致したいと存じますので、ぜひご意見をお聞かせください。

書籍名

お買い求めの動機

1　書店で見て　　2　新聞広告（紙名　　　　　　　　　）

3　書評・新刊紹介（掲載紙名　　　　　　　　　）

4　知人・同僚のすすめ　　5　上司、先生のすすめ　　6　その他

本書の装幀（カバー），デザインなどに関するご感想

1　洒落ていた　　2　めだっていた　　3　タイトルがよい

4　まあまあ　　5　よくない　　6　その他(　　　　　　　　　)

本書の定価についてご意見をお聞かせください

1　高い　　2　安い　　3　手ごろ　　4　その他(　　　　　　　　　)

本書についてご意見をお聞かせください

どんな出版をご希望ですか（著者、テーマなど）

囲まれていたのに、あなたがちょっとだけ忘れてしまっていただけなんです。

「今あるもの」のありがたみを知る

失ってからじゃなくて、あるときから、今あるものの美しさを感じてください。持っているときから、今持っているものがどれだけ大切か、感じてください。

人は、いつか失います。大切な人も、大切なものも、自分の体も。

でもそれは決して悲しいことではなくて、「失う」ということは「大切なものを持っていた」証《あかし》なんです。

今日も明日も、美しい自然と、自分が存在している保証なんてどこにもありません。

でも、今あるものに幸せを感じながら、またその幸せが明日も続くことを信じて、笑顔で生きていきましょう。

この「悪夢サングラス」を使うより前に、「私はもう素敵なものをたくさん持っている」という事実を思い出してくださいね！

恋愛に効果絶大！スペシャル♡アイテム

あなたの恋愛妄想を助けてくれるスペシャルアイテムをどど～んとまとめて紹介します。

いつでもあの人からメールがトド～ク♥スマホカバー

好きな人から来てほしいメッセージがいつでも届くスマホカバー。

あなたが落ち込んでいるときには優しいメッセージが。ときめきが欲しい気分のときには甘いメッセージが届きますよ。

いつでもあの人の声がキコエ～ル♥ピアス

好きな人から言われたいセリフが聞こえる。

寝起きや寝る前にはささやき声で。

元気が欲しいときには熱いボイスで。

好きな人の声をリアルに感じることで、彼（彼女）の存在をいつでも身近に感じることができます。

いつでもあの人の香りタダヨ～ウ♥アロマ

あの人は柔軟剤の良い香り？　ミント？　コーヒー？　タバコ？

あの人がそばにいないときでも、いつでもあの人を近くに感じることができる。

いつでもあの人の温もりカンジ～ル♥ぬいぐるみ

いつでもあなたの頑張りを見ていてくれる。

触れたら、あの人の体温もリアルに感じることができる。

ドキドキしてる心臓の音まで聞こえるよ！


いよいよヤバくなってきましたよ！　私をここまでキモくしてくれてありがとう、

皆さん！

妄想だけではちょっぴり難しいあなたに、大好きなあの人をすぐそばに感じられるスペシャルアイテムをご用意しました！　声も、香りも、温もりもリアルに感じられるアイテムなので、この道具たちがあれば本当のあの人はいらないんじゃない!?　と思うかもしれませんが、やはり物は物です。ただ「感じる」だけではなくて、実際に体験したくなるのが人間というもの。

まずは「脳」であの人の温もりを感じ、幸せに包まれる。その後、実際に「体」で感じることができるのが、このスペシャルアイテムの本当のゴール地点です！

いつかこれらのアイテムが実用化される未来を、私も妄想しておきますよ…！

むふふ！

第3章

毎日がちょっぴり楽しくなる妄想キーワード

楽しい未来を妄想すると、にやにやが止まらなくなります。
それでも、日々いろいろなことが起こりますから、
ときには、落ち込むことだってありますよね。
あなたの毎日に
勇気や夢を与えてくれる言葉を集めました。

あなたの妄想を助けてくれるキーワード集

あ

【愛】

与えてもらうことを待つものではなく、「そこらじゅうにあるもの」

目に見えないだけで、愛はそこらじゅうにふわふわ飛んでいるんです。だって、考えてもみてください。人間は、自分一人では絶対に生きていけないんですから。

お米だって、自分で一から育てるのは大変です。でも今は、お店でお金を出せば買えますね。お水だって、自分で汲んでくるのは大変です。でも蛇口をひねるだけで、簡単にきれいなお水が出てきてくれますよね。100キロ先の場所に行きたい！　と思ったときだって、車もある。より早く着くために、高速道路だってある。もっと早くだったら新幹線もある。もっと遠くだったら飛行機もある。

これ、ぜーんぶ自分以外の誰かが作ってくれたものですよね！　自分一人の力で歩いて100キロ先まで行こうと思ったら、寝ないで歩き続けても軽く24時間以上はかかってしまいます。

ほら！　世界はあなたを幸せにしたくてしたくてしょうがないんですよ！

愛は、言葉やスキンシップで伝えられるものですが、それだけではありません。実はすべてのものに「愛」は宿っているんです。**この本にももちろん、私の愛がたっぷり詰まっています。**

はいそこ！　気持ち悪いとか言わない！

「そこにある」のに気づかないふりをしないで、ちゃんと愛を受け取ってください。

受け取ると、また誰かに与えることができる。与えると、また自分のもとに降り注いでくる。

受け取り上手は、愛され上手で愛し上手なんです！

い

【いつか】

私、かずみんが嫌う言葉。

「いつか叶うの♡」なんて言いながら実はなーんにもしていない、なんちゃって夢見る夢子に、夢を叶える力はありません。その「いつか」って何さ。何年何月何日何時何分何秒ですか。どこにあるんですか。

きっと自分からだいぶ離れたところにあるんでしょう。その「いつか」が勝手にやってきてくれるのを待っているんですね。

いや来ませんから。注文をしていない商品がＡｍａｚ○ｎから届くことはありませんよね。もし届いてしまっても、「あらこれ○○さん宛のものが間違えて届いちゃったわ」と正しい宛先に送り直しますよね。「いつか」を待っているのって、注文もしていない商品が「いつ届くかしら」と待ってるようなものです。きっと、5年後も10年後も「いつ届くかしら」と待っているんでしょう。

自分にないものが、外からやってくることはありません。

「いつか叶う」と夢見るなら、本気で夢を見ましょう。それに応じた行動もしましょう。何年何月何日何時何分何秒かわからない「いつか」を待ち続けるより、その「いつか」を自分のもとにグイグイ引っ張ってきちゃいましょう。

「いつか」を待っている暇があったら、今、叶った場面を妄想しましょう。今、お金持ちになったふりして街を練り歩きましょう。今、彼とのデートで着たい服を買いに行きましょう。

そうすることで、今の自分のエネルギーが「叶ったいつか」と同じものになっていくんです。そして、「叶ったいつか」が自分の現実にやってきます。

自分のエネルギーが「叶ったいつか」と同じになってからの、「いつか叶うから大丈夫」は大歓迎ですよ！　それは、叶うことを前提とした、安心感に包まれた「いつか」です。

今はまだ時間的に難しくても、パンフレットをウキウキと集めながら言う「いつか1ヶ月ほどのんびり海外旅行するんだ〜」の「いつか」はちゃんとやってきます。

まだ出会いがなくても、「いつか素敵な人と出会ったときのために」と言いながら綺麗になろうと頑張るあなたの「いつか」もちゃんとやってきます。

現実を変える力を持っているのは何月何日かもわからない「いつか」ではなくて「今」です。

今、自分が何を考え、どんなエネルギーになっているか。そこを、いつも見張っていてくださいね。

う

【運命】
気に入らなかったら変えてしまえばいいもの。

運命とかそういうの、私は視えたりはしませんが、変えられるものだと思っています。

でも、人の数だけ運命は決められているとも思っています。

――わかりやすく説明していきますね。

ほら、日本には数え切れないくらい電車が走っていますよね。電車は、レールの上を走っていきます。そして、決まった駅に停まります。

あなたも電車と同じです。生まれたときに、「はい、君はこの路線を通っていってね～」と指示を受けます。走っていく途中ではいろいろな駅を通過していきますが、スゴロクの強制ストップのように、「ここは停まっていくんだよ～」と停まるべき駅も指示されます。

この強制ストップ駅が、あなたの人生で体験すると決められた運命です。

「愛する人と出会い、結婚する」というものから「お医者さんになる」「学校の先生になる」など職業に関するもの、「お金で苦労する」など、喜ばしくないものもあるでしょう。

この強制ストップ駅は、なーーーんにも考えないでそのまま流されるままに生きていたら、必ず停まらなくてはいけません。

私は、結婚も、作家になるという夢も、割とあっさり叶いました（自慢というわけではありません）。

夫を初めて見たときに「あ、この人と前にどこかで会ったことがあるな」と感じたのも、運命的な何かだったのかもしれないし、作家になるという夢も、とにかく私は子供の頃から本を読むのが好きで、ワープロ（時代を感じますね！　昭和生まれもまだまだ負けないぞ！）でカチャカチャ文字を打つのも大好きでした。

これは、まさに今の私の毎日と同じなんです。本を読みながらパソコンでカチャカチャ文字を打ち、そしてそれが本になる。作家になるという未来が運命として決められたものだとしたら、私が幼い頃から本が好きだったのも、ごく自然なことに感じますよね。

今の私は、引き寄せの法則や潜在意識をテーマにブログや本を書いていますが、これにも、運命的な出来事がありました。それまでまったくスピリチュアルや自己啓発の本なんて読んだことがなかったのに、奥平亜美衣さんの著書『「引き寄せ」の実践トレーニング』（宝島社）を見た瞬間、「あ、これ読まなきゃ」と感じて即購入したのです。

それからの私はと言えば、完全に引き寄せバカです。引き寄せの法則や潜在意識にのめり込み、奥平亜美衣さんを始め、いろいろな著者さんの本を読みふけり、今に至っています。

当然、私のメインテーマである「妄想」も、当たり前のように子供の頃からしていました。私にとって妄想は、息を吸って吐くぐらい、いつも自然にしている行為です。

私の強制ストップ駅には、「結婚」「作家になる」「潜在意識」「妄想」があったようです。

こうして考えてみると、運命として決められた出来事は、そこに至るまでに大きな障害もなく、まさにレールに乗って運ばれていくかのように、自然にたどり着くことができるのでしょう。


だけど私の強制ストップ駅だって、いいものばかりではなかったですよ!

そこにあったのはまず、「集団生活でなじめない」駅。いや〜、本当に学校きらいだったー!　勉強は好きだったけど、学校という集団生活になじめないまま大人になりました。

でも、あの学校生活があったから今の私があります。私が、いわゆる「リア充」と呼ばれるような存在だったら、今こうして何かを伝えるという仕事はできていないはずです。一人のときにいろんなことを考え、いろんなことを妄想したおかげで今の私がありますから。

もう一つ考えられる強制ストップ駅が「お金あんまりない」駅です。

お金については、子供の頃は十分すぎるほどに、両親にお金をかけてもらいました。教育も、しっかり受けさせてもらいました。ですので、大人になってからの話になりますが、私も夫も「お金なんて別にそんなになくていいよね」という考えの上に、お金にだらしがなく、借金も平気でしてしまう夫婦でした。もうダメダメですね！　このままいっていたら、もしかしたら強制ストップ駅は「お金あんまりない」駅どころではなくて、「借金まみれ」駅だったのかもしれません。

自分にとって不幸な環境でも、人はそれが長く続いてしまうと、その生活に慣れ親しんでしまう習性があります。「お金あんまりない」を生きていく運命だったとしたら、「お金がない」と言い続け、お金がない生活を選び続けるほうが楽なのですね。

どうしようもない男なのに、全然別れない女性だっていますよね。これも「変わるのはめんどくさいし怖い。このままのほうがラク」と、脳が現状維持を優先してしまうためです。

変わったほうが幸せが待っているのに、不幸なままの今を選んでしまうなんて！考えただけで恐ろしいですよね！

でも、この強制ストップ駅をスルーすることはできるんです。

はい、本当に伝えたかった本題はここからです。相変わらず前置きが長くて申し訳ない！

なーんにも考えずに流されていたら、強制ストップ駅に停まってしまうのでした。喜ばしい駅にも、苦労なく停まることができます。

でも、私は電車に乗っている途中で、「お金に関する現実も変えよう」と、お金に対

して考え始めるようになったのです。考えるといっても、お金のことを勉強するというより、ただ自分がお金持ちになった妄想を始めただけなんですけどね！

それでも、電車のレールの方向を変えるのはこれだけで十分。**私の電車は切り替え装置を押したかのようにガシャンと方向を変え、「お金あんまりない生活」から「お金ある生活」に向かうことができました。そして夢見ていた「年収4ケタ万円」駅に到着することもできました。**

そしてさらに今、私は「年収1億円」駅、「宝くじでもなんでもいいけど6億円手に入れちゃうよ」駅にも向かっているわけですね！

何もしなかったら、レールからはみ出ることなく、運命に沿って人生が進んでいきます。

だけど、レールを変えることも、停まる駅を自分で創ることもできます。レゴブロックで組み立てるように、幸せな強制ストップ駅をたくさん創りましょうね！

え

【笑顔】

この世界で最上級に美しいもの。出し惜しみしなくていいもの。あなたが周りにプレゼントできる最高のもの。

お

【お金】

綺麗なもの。自分を、より幸せにしてくれるもの。自分だけじゃなくて、自分の周りの人も幸せにしてくれるもの。絶対に受け取り拒否しちゃいけないもの。

お金を得ることは素晴らしいことです。

「お金なんてそんなにいらないわ」と言うのは、自分が超お金持ちになってからにしましょう。超お金持ちじゃないのに「いらない」なんて言ったって、説得力がありませんって。

「お金なんて」と言いながら、「お金が欲しい」と言うのは矛盾しています。お金が欲しいと思い、お金があることで得られる幸せな体験や感情を味わいたいなら、〝お金好き好き愛してる〟って思わないと。

好きな人のことを想うように、お金のことも想いましょう。

お金のおかげで食べることができる。お金のおかげで清潔に過ごすことができる。お金のおかげで生きていくことができる。

本当にありがとう！　1万円札も千円札も100円も1円玉も全部大好きだよ、と優しく手にとって匂いも嗅いでみましょう。

ただの変態ですが、いいんです。これでお金持ちになるなら、安いもんではないですか！

私なんて、お金を擬人化しています。毎日諭吉さんや樋口一葉さんや野口英世さんが「こんばんは〜」と自宅にワラワラと大人数で遊びに来てくれる妄想です。おかげで私の脳内は毎日、擬人化したお金たちとパーティーですよ！

お金もエネルギーの一種ですから、自分がお金を呼び寄せるエネルギーになってしまえばいいんです。お金を呼び寄せるエネルギーになるには、お金に無関心にならず、貪欲に興味を持つ。これで「お金」自体を引き寄せることになります。

ただ、これだけでは「自分がお金を持つ」には至らず、「お金の話を聞く」とか「お金の写真を目にする」という「お金に関する何か」を引き寄せるにとどまる可能性もあります。

そこで、お金を手にした妄想の出番です！　妄想することで、「お金がある」エネルギーになる。先に自分がそのエネルギーになることで、現実も追いついてくれるのでしたね。これで、実際にお金を手にしたエネルギーと同等になることができます。

「お金なんていらない」「お金がない」なんて拒絶せず、お金が大好きだって素直に認めてあげてください。幸せなお金持ちは

必ず、お金のことが大好きですから。

では私も叫ばせてください！

お金大好き！　大歓迎するから、たくさん遊びに来てねー！　お金最高ー!!

【おもてなし】

人にするというよりもむしろ自分にバンバンしてほしいこと。


「安いから」という理由でものを選んだり、なんとなく時間を過ごすんじゃなくて、

「今、何をしたら楽しくなる？」

「今、何を飲みたい？」

「今日は何を食べたい？」

「今日は何して過ごしたい？」

と、自分の心に聞いてみましょう。

「今日は一人だから」と食事をチャッチャッチャッチャッと適当にすますのでなく、一品ずつ小鉢に盛りつけたり、心地の良い音楽をかけてみる。いや、いつもいつもこうだと疲れますけど、「自分しかいないから」と簡単にすませるのを3回に1回ぐらいにして、3回に2回はザ・丁寧な暮らしをしてみる。

大事なお客様がおうちに来たら、適当な食事なんて出しませんよね。テーブルも綺麗に整えるし、美味しいお茶も出しますよね。そんなふうに、誰かのためにかける時間を、自分にもかけてあげてほしいのです。自分が「欲しい」と思っているものを可能な限り与えてあげる！　そして精一杯自分のご機嫌をとってあげてほしいのです。

いろんなことに手を抜くことはあっても、自分を幸せにすることには全力を注いでくださいね！

か

【彼氏】

実際にいなくても、妄想で自由自在に創造することができる。架空であ

ても幸せホルモンを放出することができる、すごい存在。

「今彼氏がいないから」「周りに素敵な人がいないから」。そんな「今の状況」はガン無視で大丈夫です。参考にするのは「今の現実」じゃなくて「自分の願望」です。

どんな人が隣りにいてほしいのか。

どんな言葉を言われたいのか。

どんな場所に行きたいのか。

どんなふうに見つめられたいのか。

どんなふうに触られたいのか。

どんなふうに抱きしめられたいのか。

どんなふうにキスをされたいのか。

「企画・キャラクター設定・脚本＝すべて自分」です。登場人物も、セリフも、シチュエーションも、全部自分が決めちゃっていいんです。わーお！　興奮して今から鼻血が出そうですね！

「日本人はそういう人少ないから」とハナから諦めないで、「愛してる」と言われてください（妄想で）。

「私にはそういうの似合わないから」と自分の願いを切り捨てないで、大きな花束をもらってください（妄想で）。

「今、私が好きな人は貧乏だから」と彼の未来の可能性を摘まないで、素敵な高級車で迎えにきてもらってください（妄想で）。

彼に守られるだけじゃなくて、彼のことを全力で守るあなたになってください（妄想で）。


脳内彼氏であっても、エネルギー的には「彼がいる私」になります。

「思考が現実化する」とよく言われているのは、「願望が叶う」のではなく、「いつも考えてること」が叶い、「自分がなっているもの」に人はなっていくんです。

妄想の中で、素敵な人に溺愛《できあい》されてください。そして、にやにやしてください。人に馬鹿にされようが、いいんです。妄想でも、心が感じた「幸せ」という感情は本物です。現実に不満ばっかり言っている人よりも、妄想彼氏と幸せに過ごしている人のほうが、早く本当の幸せを手にするんですよ！

き

【奇跡】

あなたが生まれてきたこと。あなたが生きていること。
「ありがとう」と言いたくなるような奇跡は、毎日起きています。

く

【グルメ】

生きていくために、美味しいものを食べる必要はありません。ただ必要な栄養がとれればいいんです。ディズニーランドでたっぷり遊んだ次の日なんて、ご飯に納豆だけの食事にホッとしたりしますから！

だけどときどきは、「食べること」に真剣に向き合って、幸せを探求しちゃいましょう。「味噌ラーメンが食べたいから札幌に行く」を地で行くスネ夫くん一家のように、わざわざ美味しいものを探す。わざわざ高いお金を出す。わざわざ雰囲気がいいお店に行く。安いけど心から美味しいと思えるお店を見つけに行く。
美味しいものを見つけるのが上手な人は、幸せを見つけるのもきっと上手ですから！

け

【結婚】
それはゴールではなく、幸せのスタートラインに立っただけ。
「この人」と決めた人と共に、幸せを育てていくもの。

こ

【恋】
自分で始めようと思って始めるものではなく、気がついたら始まっているもの。

さ

【300万円】

300円のお菓子を買うときには、「300万円のお菓子ゲットー！」

おつりを300円もらったら「よし！　300万円もらったー！」

こんな昭和のギャグを心の中でかましてみましょう。くだらないけど、笑えます。

笑えたら、笑う門には福来たるです。心の中で大金持ち気分、味わってみましょう。

し

【自虐《じぎゃく》】

いらん。

自虐はなんの利点もありません。

「どうせ私は」「私なんて」という口癖は、今すぐやめましょう。他人をいじめることが良くないように、自分をいじめることだってやっちゃいけません。

いつも自分は、自分のいちばんの応援団でいてあげてください。**「大丈夫だよ」「頑張ってるね」「いつもありがとうね」**と、**何度でも自分自身に伝えてあげてください。**

ついつい自虐しちゃったときは、「自虐してる私もサイコー！」でＯＫですよ！

【深呼吸】

イメージの力を借りることで、さらにその効果はパワーアップします。

深呼吸すると自律神経が整えられたり、心身ともにリラックスできたり、血液の循環が良くなってデトックス効果があるなど、数々の効果が認められています。

息を吸って吐く！　という動作に意識を向けるだけで、無駄な雑念を振り払い、心を無にすることもできますしね！　そんな素晴らしい効果を持つ深呼吸ですが、さらにイメージの力でパワーアップさせてみましょう。

まず、息を吐く！　そのときに、自分の中にある不安や心配事、誰かへのイライラが体の外に出ていくイメージをしましょう。不安や心配事、イライラを体の中に溜め込むほど、そのエネルギーは濃くなってしまいます。自分の中のモヤモヤを、息をゆつくり吐きながら全部出す！

そして、それはそれはキラッキラしたエネルギーが自分の中に入ってくるイメージをしながら、息を吸ってみましょう。綺麗になりたい人はピンク色のイメージ。豊かになりたい人はゴールドのイメージ。いろんな願いを叶えたい人は、虹色のイメージをしてみましょう。

ほら！　これであなたの体はキラッキラです。汗だってキラキラのダイヤモンドです。

え？　こんなことして何になるのって？

「イメージ」するだけで、自分の内側から、その色のエネルギーのオーラに変わってくれるんです。

「私は若々しくて健康的！」と、自分がピンクのエネルギーで満たされているところをイメージするだけで、実年齢より若く見られたりするんですよ♪

自分の内側から自分の体が変わり、そしてそれに応じて周りの反応も、現実も変わり始めます。

【人生】

人生はキャンバスと同じです。もしかしたら、そのキャンバスは真っ白なんじゃなくて、【運命】でお話ししたように、定められた人生が描かれているのかもしれません。

でも、私たちは自分で自分の人生を書き換えられることを知りました。

最初に「はい、これがあなたの人生ね」と渡されたキャンバスが真っ黒であっても、上から白いキャンバスを貼っつけちゃえばいいんです。あまり気に入らない色だったら塗り替えればいいし、気に入らない場面が描いてあるなら、消しゴムでゴシゴシ消して新しく絵を描いちゃいましょう。


さあ、あなただけの人生でどんなものを見て、どんな人と出会って、どんな体験をしましょうか。ディズニーランドみたいに、キラキラした世界を描くのもいいですね！

優しい色に包まれた、穏やかな世界を描くのもいいですね。

あなたの人生という名のキャンバスには、毎日パラパラ漫画のように違う場面が出てきます。毎日新しい絵があって、好きなように色をつけられます。

人生を美しいものにするか、ぼんやりしたものにするか、険しいものにするかは、あなたが持つ絵筆次第です。

す

【好き】

副作用なしの幸せな感情。「好き」で心をいっぱいにすると、また「好き」と感じられる幸せな出来事がやってくる。

【スマホ】

今や現代人の必須アイテム。ですが、「なんとなーく手にしてる」とか「暇つぶしに眺めてる」なんて方も多いのでは？

なんてもったいない！　スマホも強力な幸せ供給ツールになるのです。

スマホを触っていない時間こそ、スマホを感じましょう。

あなたが見たい画面は、どんなものですか？

あなたが欲しい言葉は、どんなものですか？

それらが自分の前に現れるのを待っていないで、先に頭の中で、心の目で見る！

のです！

好きな人からのメール、夢に一歩近づけるメッセージ、宝くじの当選通知……。

好きな人と行きたい場所、好きな人と一緒に写っている自分の写真……。

ね！　妄想しただけでも、ちょっぴり幸せな気分になるでしょう！

まずは先に自分の頭の中で見たい画面を見て、読みたいメッセージを読む。それは現実の予告編となり、後から追いかけるように現実でも体験することができます。


スマホは、今この場に一緒にいない人にも、「好きだよ」「いつも想ってるよ」という気持ちを伝えることだってできるし、受け取ることだってできます。大切な人と行った場所の写真や動画をとっておくこともできるし、好きなアーティストの曲を聴くことだってできます。

スマホはただの道具ではなく、幸せを増幅してくれるアイテムなんですよ！　自分にとって必要じゃない情報を集めたり、人を批判するために使わず、自分を幸せにするために使ってくださいね。

せ

【千里の道も一歩から】

今大成功している人も、必ずはじめの一歩がありました。

今は再生回数100万超えの人気YouTuberだって、再生数が2ケタや3ケタから始まっています。累計1億部以上のあの漫画だって、一瞬で1億部が売れたわけではありません。

「最初の一歩」と「コツコツ」は、成功した多くの人が経験しています。

成功してる人を見ると、やっぱり羨ましいですよね。何もかもがうまくいっているように見えるし、人気もあるし、きっと豊かさも手に入れている。

でも私たちは、成功した人のほんの一部分しか見ていません。成功するまでに築き上げたその人だけの経験や、成功してからの努力だって、きっとあります。注目されればされるほど、賞賛ばかりじゃなくて、心ない言葉だって受けているはずです。そうしたところを見ようともしないで、人は簡単に「あの人はいいよな、あっさり成功できて」なんて口走ってしまうんです。

成功した人たちは、成功する保証も何もなかったのに、進み続けることができた人たちです。だからこそ、成功した今があるんです。

努力して、行動しても、すべての人が報われるとは言えない世の中です。「努力すること」「行動すること」に意識が向きすぎていたら、「努力し、行動し続ける現実」が叶ってしまいます。「努力」に意識が向きすぎてしまうと、その先の成功が見えなくなります。

ダイエットだって、本来の目的は健康的に痩せて美しくなることですよね。それが、「食事制限すること」「運動すること」に意識が向きすぎてしまった場合、どうなるでしょうか。

食事制限できなかった日と、運動できなかった日にダメ出しをするようになってしまいます。「もう！　やっぱり私はダメなんだ！」って自分のことを責めちゃったりね、しちゃうんですよね。

1日ぐらいそんな日があったって、大丈夫なのに。そして、そのダメ出しのストレスから逃げ出したくなり、ダイエットをやめてしまったり、ドカ食いして今までの頑張りがパーになったり……そんなことが起きてしまいますね。

あなたの人生の目的だって、「自分だけの幸せを見つけること」そして「幸せになること」のはずです。「1日に100回アファメーションを唱えること」でもなければ「自己啓発の本を読み続けること」でもないし、「妄想が上手になること」でもありませんよね。

本当に自分が望んでいるゴールに向かうための手段や方法を、生きていく目的だと思わないように気をつけてくださいね！

努力して行動した先に待っている自分だけの幸せを見つめていたら、そこに近づくことができます。

努力して行動したからといって100％成功するとは言えないかもしれないけど、

でも努力して行動した先にしか見えない世界は、努力と行動をしないと、100%体験できません。

努力は苦しいことではなく、新しい世界を開くためのアクションです。成功した人は、やっているし、続けている。どんな大きな山に登るときだって、最初の一歩から始まります。

そ

【空】

願いがかなっていない今も、願いが叶った後の未来も、空は同じように青く澄んでいます。もう願いを叶えた自分になりきって、空を見上げてみましょう。

空の美しさがいつもと違うように感じたら、確実に心は「叶った世界」に飛んでいます。

何度も心が叶った世界に飛んでいると、そのうち、体も叶った世界に行けちゃいます。空が、叶った世界と今を繋げてくれる架け橋になりますよ。

た

【大丈夫】

私が大好きな言葉。人に言ってもらえるととても嬉しくなる、魔法の言葉。自分にも、自分以外の誰かにも、たくさん言ってあげてください。

【タイムラグ】

苦しんでいる方が多い「タイムラグ」問題。十分妄想しているし、行動だってしているのになかなか現実が変わらない！　という、多くの人が通る問題です。

自分の中身（潜在意識）が変わっても、現実が変わるまでには時間差があるんです。これはエネルギーだけではなく、「物質」「肉体」が存在しているこの世界に生きている以上、仕方がないことです。エネルギーだけの世界だったら、一瞬で変わるそうですけどね！　それもすごいけどちょっとコワイですね！

そんなタイムラグは、回転寿司をイメージしてみてください。

少し前のあなたは、「私はお金がない」とずっと思っていたとします。それは「お金がない現実をもっともっとください！」とオーダーしているのと同じことですね。

回転寿司のコンベヤーに「お金がない現実」の皿が乗せられました。あなたがオーダーした数だけ、「お金がない現実」の皿が乗せられます。空気を読んで、「もうお金がない現実の皿は30皿も乗ってるから、次は違う皿にしようよ」なんて、誰も言ってくれません。

あなたの潜在意識が変わらない限り、ずっと同じ皿が乗り続けます。この「お金がない現実」の皿を１００円のマグロだとします。

そこであなたはかずみんの本を読みました！　いやー、おめでとうございます！大チャンス到来ですよ！

今のあなたは、「お金持ちになるぞ！」と思い、お金持ちになった妄想をしているとします。オーダーが「お金がない現実」から「お金持ちになる現実」に変わりました。回転寿司のコンベヤーに「お金持ちになる現実」の皿が乗りました。

この「お金持ちになる現実」の皿を５００円の極上トロだとします。

それでも、まずは最初に乗せられた「お金がない現実」の皿＝100円のマグロが自分のもとに届きます。皿が自分のもとに届くということは、それを自分の現実で回収する、体験するということです。「お金がない現実」をオーダーした回数が多く、またその時間が長かったほど、なかなか「お金持ちになる現実」の皿はやってきません。まずは、100円のマグロを責任とって食べなきゃいけないんです。自分が過去にオーダーしたものですからね！

自分がオーダーした皿は、責任持って取りますよね。そして食べますよね。現実もまったく同じなんです。**今あなたが体験している現実は、あなたがオーダーしたものです。オーダーしたつもりはなくても、あなたが無意識のうちに考え、意識を向けていたものが現実に現れます。**

お金持ちになる妄想をしていても、「お金持ちになる現実」の皿がやってくるまでの間に、「ほらもう！　やっぱり現実なんて変わらないじゃん！」と、また「どうせお金がないし」という思考になってしまったらどうなるでしょうか。

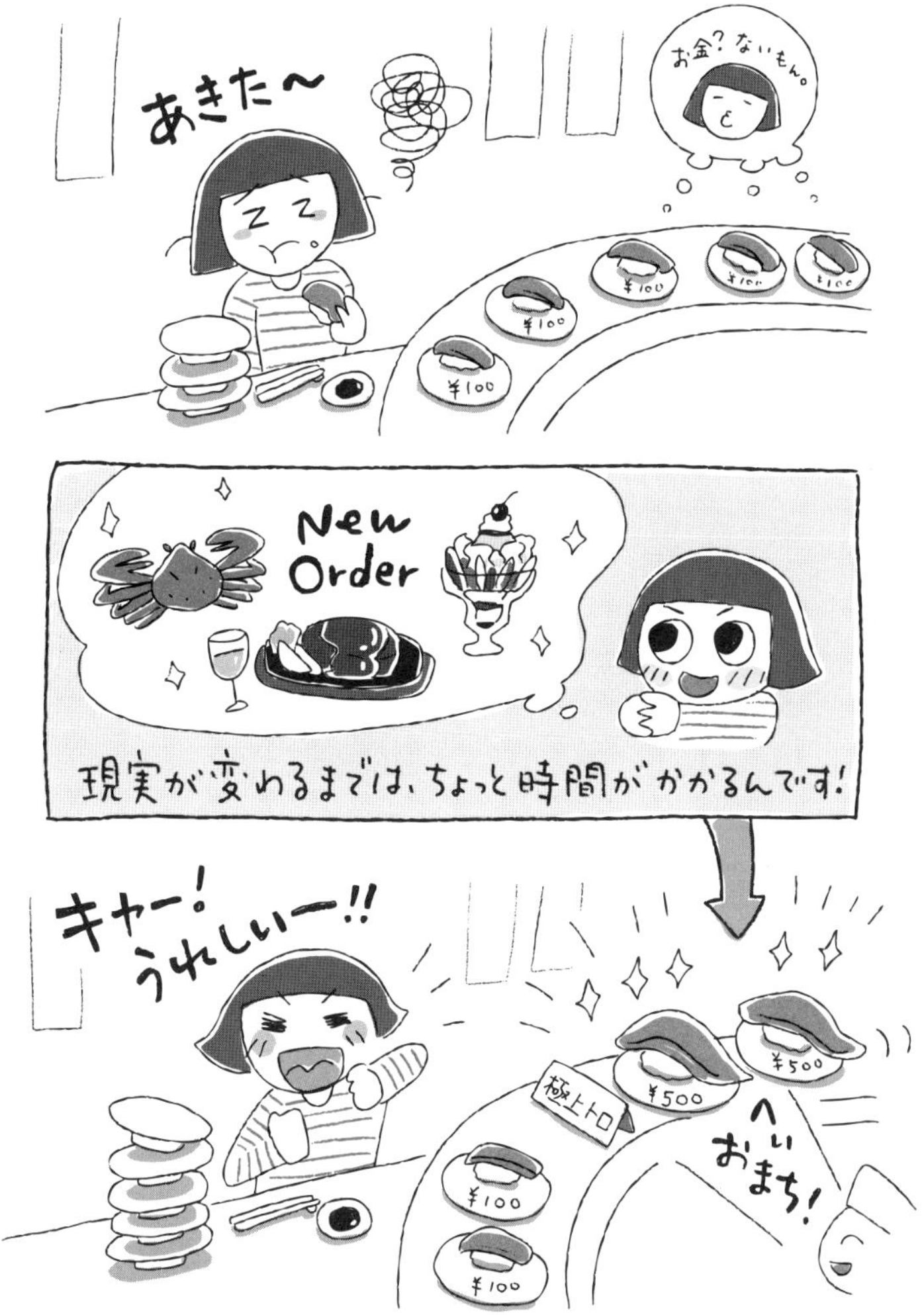
あきた～
お金？ないもん。
¥100
¥100
¥100
¥100
¥100
New Order
現実が変わるまでは、ちょっと時間がかかるんです！
キャー！うれしいー!!
極上トロ
¥500
¥500
へいおまち！
¥100
¥100

あなたがお金持ちになる妄想をしているとき、確実に「お金持ちになる現実」の皿はコンベヤーに乗りました。そしてそれが自分のもとに届きます。あなたの金銭状況が好転します。

でもまた「お金がない」の思考に戻ってしまったために、「お金がない現実」の皿が再び届き始めます。このコンベヤーは、あなたのオーダーに忠実なんですから。

あなたの中身（潜在意識）が当たり前のように「私って豊か」「私ってお金持ち」になれば、ずーっと「お金持ちの現実」の皿が手元にやってきてくれるんです。

素敵な彼ができても、あなたの中身が「どうせ彼は浮気するわ、私は魅力ないし」と思っていたら、そのオーダーの皿がずらっと並び、その通りの現実になるのも当然なのです。

恐れよりも、望むことに意識を向けてください。ご飯を食べに行ったら、食べたいものを考えますよね。わざわざ高級料亭に行って食べたくないもののことなんて考えませんよね。それと同じ、簡単簡単！

自分の潜在意識が変われば、それはオーダーとしてコンベヤーの上に皿が乗り、必ず自分のもとにやってきます。タイムラグに苦しくなったときは、この回転寿司のコンベヤーをイメージして、「きっともうすぐ私のもとにやってくる！」と感じてくださいね。

【楽しい】

楽しいことがあってから喜ぶんじゃなくて、先にあほみたいに喜んじゃいましょう！

なーんにも考えてない時間ってありますよね。

「あー、お腹空いたなあ」とか「歯磨かなきゃ」とか、ただ目の前のことに反応しているだけの時間。感情が「喜」でも「悲」でも「不安」でもなくて、ただ「無」の時間。**こういった時間を「楽しい！　嬉しい！」に変えてしまいましょう。心の中で「楽しいー！　あーもうめっちゃ楽しい！　どうしよう！　楽しい！」って繰り返してみてください。**

どうです？　心の中で言っただけでも、ちょっぴり楽しい気分になりませんか？

言葉にも、それぞれのエネルギーが宿っています。「もうダメだ、終わった。もう生きていくのもイヤだ」と心の中で思うのと、「楽しい！　きゃー楽しい！」って心の中で思うのでは、自分の体からあふれ出てくるエネルギーはまったく違うものになりますね。

先に自分が「楽しい」のエネルギーになってしまえば、楽しい出来事が磁石に引き寄せられるようにやってきます。

ただ、辛い時に無理して「楽しい！」とつぶやくことはないですよ！　辛いときや苦しいときはその気持ちを抑えず、自分の感情に気づき、受け入れることも大事です。「楽しい」で心をいっぱいにするのは、暇なときや退屈なとき、「無」の時間ですからね！

さあ、始めましょう！

あー楽しい！　きゃあああああ嬉しい‼　楽しいいいいいいい！！！！！

ち

【直感】

頭で考えすぎず、直感で動く！　そんな癖をつけてみましょう。

「こうすべき」「こうすることが普通でしょ」を判断基準にするんじゃなくて、「私はこうしたい」「こっちが気になる」を選んでください。

「やりたい」という気持ちを逃さずキャッチすることが、成功への道ですよ！

つ

【積み木】

妄想も、引き寄せも、積み木のようなものです。やればやるだけ、**積み重なっていく。積み重ねたものを自分から壊そうとしないで、自分が今までに蓄積してきたものを信じてください。**積み木が大きくなるほど、自分の世界が大きく変わりますから。

て

【電車】

ただの交通手段じゃなく、あの人との距離を近づけてくれるかぼちゃの馬車。

「電車」と聞いて、満員電車を思い出してげっそりしてしまう方。いけません！　それは現実パワーに圧倒されすぎですよ！　実際には満員電車で会社に向かうのだとしても、頭の中は自由。今からこの電車で、好きな人に会いに行くことにしちゃいましょう。

踏切を一つ通り過ぎるごとに、一つ駅に到着するごとに、あの人に近づいています。

あの人はどんな服を着て、どんなふうにあなたを待ってる？

あなたの顔を見たとき、あの人はどんな顔をする？

そんな妄想が、素敵な恋の場面を現実のものにしてくれます。

と

【ドリームキラー】

自分の人生を変えたい、願いを叶えたいと思ったときに突如現れます。そして、自分が信頼してる人ほどドリームキラーになったりします。

人は本能的に変化を恐れる生き物です。「願いが叶っていない世界＝今」を安全ゾーンと捉え、「願いが叶った未来」をどうなるかわからないから怖い！と捉えてしまうことがあるんです。そんな思いが、「そんな願い叶うわけないでしょ」だとか「夢ばっかり見てないで現実を見なさい」だとか「いい歳こいて何言ってんの」なんて言葉に変わってしまうことがあるんですね。

親や家族など身近な存在だと、「失敗して傷つかないでほしい」という思いから、よかれと思って言ってくる場合もあるので、これまた厄介です。「自分が安心できる領域にいてほしい」という思いから、身近にドリームキラーが現れることも多々あるんです。

また、「あなただけ成功なんて、そんなことさせない」という妬みからドリームキラーがやってくることもあります。「善意」からドリームキラーがやってくることもあれば、「妬み」からやってくることもある。でも、たとえ「善意」からの言葉であっても、どちらも「ドリームキラー」であることに違いはありません。

でも逆に、ドリームキラーがやってきたらチャンス到来でもありますよ！　というのも、ドリームキラーは世界を変えさせまいとしてやってくる存在です。ということは、「あなたの世界が変わり始めてるよ～」というサインでもあります。

ドリームキラーに負けなければ、あなたの世界は変わります。百人中百人が「そんな夢叶わないよ」と笑っても、あなた一人が自分を信じていれば、願いは叶うものなんです。

な

【ナレーション】

プチパニックになるような出来事が起きたときこそ、自分にナレーションをつけましょう。

「私、ただいまお金が300円しかありません。さあこのピンチをどう切り抜けるのでしょうか!?　なんと、もやしのレシピを探し始めました！　安く手に入って栄養もたっぷりのもやしで乗り切るつもりです!!　素晴らしいアイデアですね！」。こんなふうに。

起きた出来事、今体験している出来事に意味づけしているのは自分です。ふと他人事として受け止め冷静になることで、「別にたいしたことなかったな」と思えたり、意外な解決法が見つかることだってあるかもしれませんよ！

「買い物に出たかずみんさん、どうやら財布を忘れたようです。さあこの後どうする!?　このお店はスマホ決済ができるのか!?　……残念ながらかずみんさん、スマホ決済のやり方がわからなかった様子！　諦めて家に財布を取りに戻るそうです。がっかりしないで『ウォーキングになった！』と喜んでるかずみんさん。無駄にポジティブ！ っていうか、ちょっとあほですね！」

に

【にやにや】

妄想してにやにやする。これがあなたの人生の必須科目です。

顔に出なくても、心の中でにやにやしていたら問題なし！ 顔に出ても、マスクで隠していたら問題なし！ 別に丸見えでも問題なし！

容赦なくにやにやした者が妄想道を制するのです！

ぬ

【ぬくぬく】

女性たるもの、体を冷やしてはいけません（もちろん男性も）。心も冷やしてはいけません。

「あったかい」は「幸せ」です。体も心もあたたかくしてくれるものを、いつもそばに置いてくださいね。

ね

【寝る】

健全な精神は十分な睡眠から。寝る時間を大切に！
スマホのやりすぎで睡眠を削るのは厳禁ですよ！

の

【NO】

潜在意識は、あなたが思っていることに「NO」と言ってくれません。潜在意識は空気を読んだりしてくれないので、すべて「YES」で返してくれます。

「私は男性に愛されない」↓ＹＥＳ！

「私はお金持ちになれない」↓ＹＥＳ！

「このままなんとなく生きていくんだ」↓ＹＥＳ！

融通がきかない潜在意識のために、いつも「こうありたい」と思うほうに意識を向けていてください。

「私は男性にモッテモテ！」↓ＹＥＳ！

「私はお金に愛されてる」↓ＹＥＳ！

「これから楽しいことがいっぱいある」↓ＹＥＳ！

素直な潜在意識は、その通りの現実を見せてくれますからね。

は 【パラレルワールド】

妄想できる時点で、それが叶っている世界はもう存在しています。 あの人とラブラブで幸せに暮らしているパラレルワールドもあれば、独りぼっちでどん底のパラレルワールドも存在しています。「こんな毎日イヤだ」と感じているなら、そろそろ違うパラレルを選びましょうよ。

今、あなたが欲しいものが「存在している」世界に移行することもできる。

今、あなたが抱えている問題が「存在していない」世界に移行することもできる。

パッと変わるわけでもないし、目にも見えないけど、こういうことは普通に起きています。実際に自分が体験すると、「あ〜、こういうことか」ぐらいの感想です。あっさりしたもんです。「なんとなく」じゃなくて、全力で幸せな世界を妄想しましょう。

そして、幸せな自分のエネルギーをかもし出しましょう。それが、行きたいパラレルワールドにひょいっと移動するチケットになります。

ひ

【引き寄せ】

特別な法則でもなんでもなく、当たり前のようにみんなに作用している法則。

「磁石のSとNは引き合うらしいけど、私の磁石だけSとNが反発するんだけど」、という人はいませんよね。りんごを床に落として、「私のりんごだけ上に浮いていくんだけど」という人もいませんね。

引き寄せの法則というのは、信じていようが信じていまいが、誰にでも作用しています。「引き寄せなんてない」と言っている人には、「引き寄せなんてない」が強くインプットされているから、その通りの現実が展開されているのです。本当は「どうせ叶わない」「そんなに簡単に現実は変わらない」という自分の思い通りに現実を引き寄せているのに、願いが叶っていないものだから、「引き寄せなんてない」という結論に至ってしまうんです。

「引き寄せの法則……？　なんかよくわからないけど面白そうだな！」と思っていると、「ある」に意識のチャンネルが向き始めます。自分の周りにもうすでにある幸せに目を向け始めると、また幸せな出来事が起きます。もうすでにある豊かさに目を向け始めると、豊かさが舞い込んできます。

引き寄せの法則は全員に作用しているけど、ただ「ある」「叶う」に目を向けているか、「ない」「叶わない」に目を向けているかの違いだけです。

ふ

【ふて寝】

あれこれ考えて悩むより、ふて寝してリセットしたほうがうまくいくこともある。
はい、枕持ってきて寝ましょ！

へ

【平凡】

平凡なことを考えていたら、平凡な人生になる。自分の人生に特別なことを起こしたかったら、人とは違うことを考える必要があります。平凡は悪いことではないけれど、不本意ながら平凡な毎日を送ってるぐらいだったら、特別を欲しがりましょう。

ほ

【ぼーっ】

自分の人生を変えるためにいちばん大事な時間は？
妄想してる時間？　惜しいけどちょっと違うんだな！
勉強してる時間？　うん、勉強も大事！
寝てる時間？　うん、睡眠も大事だけども！

正解は、ぼーっとしている時間です。何と言うか、「無意識」の時間がいちばん大事です。

妄想してる時間は、確かに大事ですけども、めーっちゃくちゃ大切ですけども、どんな人でも24時間妄想することは不可能です。そう、妄想のプロである私でも。

今日やらなきゃいけないことで頭がいっぱいになっていたり、「お腹空いたなあ」と感じることもあるし、テレビでゴシップ情報を見て意味もなく怒ったり、空を見て「綺麗な青だなあ」と思うこともあります。こうした時間も、ずーっと潜在意識にインプットされています。あなたが見たもの、感じたもの、考えていること、ぜーんぶ潜在意識という倉庫に蓄積されています。

引き寄せというのは全員に作用していますが、24時間作用しているということも忘れないでくださいね！　1日に1時間幸せな妄想をして、「よし！　これで現実が変わるー♪」なんてことはありませんから。

現実を変えているのはむしろ、残りの23時間の、あなたがぼーっとしている時間です。ぼーっとしている時間に今の現実を思い出してモヤモヤしたりイライラしていたら、「モヤモヤ」「イライラ」が現実化するのです。

ぼーっとしてる時間こそ、世界を変える最高のチャンスタイムですよ！

「お腹空いたなあ」と感じたら、ごちそうを食べてご満悦の自分を思い描く。ゴシップ情報なんて見ない！　それよりか、もっと自分の心がときめくものを見ましょう。

今やらなきゃいけないことで頭がいっぱいだとしても、「これが終わったらケーキ食べよう♪」「この仕事がひと段落ついたら一日中映画見よう♪」とワクワクする予定を思い描いてくださいね。今、この原稿を一生懸命書いている私もまったく同じ気持ちですよ！

潜在意識は、いつもあなたの意識を見張っています。ぼーっとしている時間を「不快」で大きく占めないように、「快」の割合を増やしていきましょうね！

【欲しい】

欲しいものが来るのをただ待つんじゃなくて、先に体験してしまいましょう。人の「優しさ」が欲しければ、まずは妄想の中で思いっきり人に優しくしてもらいましょう。余裕があったら、人に優しくしてみましょう。

「豊かさ」が欲しければ、妄想の中で超お金持ちになって、あれもこれも買って、行きたい場所に行きましょう。

「安心感」が欲しければ、今の自分を安心させてくれる何かを自分に与えてあげましょう。それは美味しい紅茶を飲むことですか？　ふかふかの布団に包まれることですか？

先日、夫が家の中で失くしものをしたんです。家族三人で探しても、ない。いろんな引き出しを開けては閉め、手にすり傷を作るくらい探しましたが、それでもない。お金を出したらまた新たに買えるものであるけど、なかなか高価なもののために、私は「絶対に見つける」と心に決めました。「ない、ない」と思いながら探すのではなくて、「あったーーーーーー!!」と思いながら探すんです。見つけたときの自分の興奮具合、そして夫に「あったよー!」と報告している自分の姿を鮮明に妄想しながら、家中を探しました。

すると、さっき探したはずの引き出しから見つかったんです。「ない、ない」と思いながら引き出しを見たときは視界に入らなかったのに、「あったー!」と興奮しながら探したら、ちゃんと奥のほうにありました。

先に自分が「あった」のエネルギーになることで、失くしものを見つける裏ワザ。ぜひ探しものをしているときはやってみてください!

自分が「欲しい」と感じている感情があるなら、先にその感情を先取りしてしまう。それが、「欲しい」と言い続けているよりもずっと、素敵な体験をする近道になりますよ!

ま

【祭り】

別名フェスティバル。

私は毎日が祭りです。

今日はいい天気だ！　晴天祭り！それわっしょいわっしょい！

卵焼きが上手に焼けた！　卵焼き祭りだ！　それわっしょいわっしょい！

塗り絵で遊んだ！　10分しか遊んでないけど塗り絵祭りだ！それわっしょいわっしょい！

あ〜、祭りって疲れるけど楽しいですね！

み

【未読スルー】

恋人同士だったらしょっちゅうＬＩＮＥのやり取りはして当たり前。

そんな「あなた自身の常識」を相手に押しつけるのはやめておきましょう。彼は今、あなたからのＬＩＮＥにも気がつかないくらい何かに夢中になっているんです。それは仕事かもしれない。勉強かもしれない。スポーツ観戦かもしれない。ゲームかもしれない。

仕事でも趣味でも、夢中になれるものをいくつも持っている男性のほうが素敵ですよ。

あなたも、彼に負けじと夢中になれるものを作っちゃいましょう。彼にも夢中、でも他の何かにも夢中になれる。そんな女性のほうが、彼に追いかけられる存在になっちゃいますから。

む

【胸】

躍ったり、はずんだり、高鳴ったり、ふくらんだり、大忙しの体の部分。大切な人のことが心配で胸を痛めることもあるけど、それも大事な感情です。

胸焼けには要注意ですよ！

め

【召使い】

あなたが潜在意識の召使いになってはいけません。あなたが潜在意識を使いこなす側にならなくては！　でも、ご主人&召使いという関係よりも、肩を組んで共に歩んでいく仲間意識で付き合っていってくださいね！

も

【妄想】

自分の未来を創る聖なる行為。

どんどんやりましょう。義務教育の必須科目にしましょう。

【妄想トーク】

私が推奨しているものに「妄想トーク」があります。

それは、叶えた自分になりきって、どんなふうに叶ったたか、今の自分がどんな暮らしをしているか、熱く語るというものです。これには自分（話し手）と、聞き手の人が必要。

ほんの数年前に私と夫がしていた妄想トークです。

「毎日家で仕事して、年収ウン千万円になって、本屋さんにもいっぱい本が並んで、しょっちゅう旅行にも行けて、良かったよね～」

「まさか10冊も本が出るなんてね～」

「いや、まあ私は2桁はいけると思ってたけどね！」

ちなみにこれ、私がブログだけを書いていた頃の会話です。本を出すという願いが、現実になる前兆も何もなかった頃です。

この会話をして数年後、家で仕事をする毎日も、年収ウン千万円も、本屋さんで自分の本が並ぶのも、旅行も、全部叶っています。10冊目の本が出るのも、もう間近です。

叶う前から、先に叶った自分になる。そして言葉にすることで、未来を創り出す。

近くにいる人との会話ほど愚痴や不満が増えてしまうものですが、そんな時間を少し減らして、妄想トークを楽しんでみてください。

「相手がいないわ！」という方は、メールを自分宛に送ってみるのもいいですよ！

「結婚おめでとう！」「大成功、やったね！」と自分にメッセージを送ってみる。そして、願いを叶えた未来の自分に乗り移るつもりで、どんなふうに願いが叶ったか、今どれだけ自分が幸せか、またまた自分宛に返事を書いてみる。

あほっぽいことでも、周りから見たらイタイ行動でも、「叶ったエネルギー」になったもの勝ちなんです。

や 【やる】

人は、いつかこの世から天国に旅立つとき、やったことじゃなくて、やらなかったことを悔やむと言います。

あなたも私も、この世界でいろいろなことを体験するために生まれてきました。だから、「できるかできないか」「叶うか叶わないか」なんてぐだぐだ言ってないで、やりましょうよ。

私は行動するかどうかで悩んだときはいつも、「やる自分かやらない自分、どっちが好きかな」ということと、「やらなかったら後悔するかな」ということを考えます。

「部屋の掃除しなきゃ！　でもめんどくさー！」というとき、掃除をした自分最高！素敵！　惚れちゃいそう！　と感じたら掃除しますよ！

先日、超人気漫画のコンビニくじがあったときだって、「朝7時前から並ぶのか……。欲しいけど休日だしゆっくりしたい」と悩みましたが、「もうこの先、並んでまでコンビニでくじを引く経験なんてできないかもしれない」と思い、朝6時半から並んできました。祭りに参加する気分です。

私の人生で一度だけやった講演会だって、そうです。本当は人前に出たくないし、しゃべるのなんて苦手な私なのに、「こんな体験は、みんながみんなできるわけじゃない」という思いから、経験させてもらいました。

「うまくできないかもしれないから」

「できなかったらどうしよう」

「めんどくさいから」

と頭で考えない。そして「今はできないけど、そのうちできるようになるかも」と先延ばしにしない。

「チャンスの神様は前髪しかない」という言葉がありますが、行動に移さない人にチャンスはやってきません。**知識や経験のレベルがまだ低いとしても、レベルを上げながら前に進んでいけばいいじゃないですか！**

【タイムラグ】の項目の、５００円の極上トロを食べてから進もうとするんじゃなくて、１００円のマグロを食べながら進んだっていいんです。ドラクエの主人公だって、レベルが99になってから冒険を始めるんじゃなくて、レベル１でしょっぼい装備から出発します。布の服と棒しか持っていなかったりするんですから。

すべてが整ってからじゃなくて、今この瞬間からやり始める。チャンスの神様の前髪をつかむには、「いつかやる」じゃなくて「すぐやる」が合言葉ですよ！

ゆ

【夢は見るものじゃない】

夢は実現させるもの。

よ

【欲】

欲を持つことは大切なこと。欲があるから行動できるし、前に進む原動力になります。

食欲、睡眠欲、性欲、支配欲、物欲……どれも行き過ぎるとよくないですが、健全な欲ならパワーに変えることができます。**私かずみんも欲まみれですよ！**

ら

【ラッキー】

「電車に座れた！　ラッキー！」
「アイスを食べたら当たりが出た！　ラッキー！」
「上着のポケットに１００円入ってた！　ラッキー！」

こうして、「私ってラッキーだな！」と思う回数が増えていくほど、本当のラッキー体質になっていきます。これは「ハッピー」も同じです。

ちなみに私も、かなりのラッキー体質ですよ～。さっき映画のチケットを予約購入したら、いちばん後ろのど真ん中の席が空いてましたもん！（後ろのど真ん中がいちばん好き♡）

ささやかなことでも「私がラッキーだから○○できた」とインプットしていきましょうね♪

り 【リラックス】

体がガチガチに固まっている状態で妄想しても、それは潜在意識に届きません。

ふーっと息を吐いてリラックス。

良い香りを嗅いでリラックス。

美味しいものを飲んでリラックス。

「リラックス」と「妄想」はセットでお楽しみくださいね！

る

【ルーティン】

音声配信の録音は水曜日で、あとの曜日はパソコンに向かって執筆作業。

ときどき行く美容院は毎回木曜日。映画を見にいくのは火曜日か金曜日。

これ、なんとなく決まっている私のルーティンです。時間の自由がきく仕事なので、「絶対こうしなきゃ」というわけではないけど、音声配信の録音を木曜日にするとなんとなく落ち着かないし、月曜日に美容院に行くのも落ち着かない。

こんなふうに、自分だけの「なんとなくルーティン」を持っている男性も多いです。

普段は土曜日も仕事の彼。でも急遽仕事が休みになって私と過ごしてほしいのに、家でも仕事してる！

……これ、「せっかく休みになったのに」「時間があるから私と会ってくれてもいいのに」って思っちゃうけど、この男性にとって「土曜日は仕事する日」ってなっちゃってるんです。その通りに動くと落ち着くんです。

「なんでなんで」と自分の思いや常識をぶつけすぎず、自分の身近にいる人のルーティンを守ってあげることも、大切ですよ！

れ 【0・2秒】

0・2秒って、なんの数字だと思いますか？

……妄想して、幸せを感じるまでの時間？　早い！　そんなあなたはすごい人！

……運命の人と恋に落ちるまでの時間？　素敵ー!!

0・2秒って、「夢の平均寿命」らしいです（『未来記憶　イメージする力が結果を呼び込む』池田貴将著 サンマーク出版より)。

夢が生まれても、その夢を育てる前に、ほとんどの人が自分から夢の芽を摘んでしまうんです。また、この本の中には「人は何回チャレンジしたら諦めるか」という調査を3万人の男女にしたところ、平均で1回以下という結果が出たとあります。

夢を見ることすらせず、夢を叶えるためのチャレンジもしない。これでは夢が叶うはずがありませんね。**本当の失敗というのは、夢を叶えられないことを言うのではありません。実現できる夢でさえ、諦めてしまうことを言うんです。**

「こうなったらいいな」
「こんなことがしたいな」
「こんなものが食べたいな」
「ここに行きたいな」

いろんな願いや夢が、日々生まれては消えていきます。その中には、本当に自分が望んでいることではなくて、他者から押しつけられたものもあります。例えば「タワマンに住みたいよねー!」だったり、「ツイッターで1万フォロワー欲しいよねー!」だったり。一見華やかでも、それが本当に自分が望んでいるとは限らないこともあります。

また、今の現実から逃れるためのものもあります。例えば、仕事に追われる毎日だから、仕事を辞めたい。毎日ゴロゴロして過ごしていたい、などという願い。

この願いを否定するわけではないですが、あなたが365日ゴロゴロして過ごしても幸せ！　満足！　と言えるなら、本当の願いなのでしょう。でも、途中で「やっぱり何か仕事をしてるほうがいいな。生きがいがあるほうがいいな」と感じるなら、これはただ現実逃避するための願いということになります。

あ、ちなみに私は文章を書くのも好きですけど、365日ゴロゴロして過ごす日々にも憧れていますよ！　毎日映画見て、漫画読んで、ゲームして過ごすんだー！　なんてパラダイスー!!

おっと！　興奮してしまいましたが、**「本当の願いかどうか」なんていちいち考える必要はありません。**

「こうしたいな」と思ったら、まずはその願いの情報を収集しましょう。「タワマンは私の本当の願いじゃないかも」「タワマンなんて高いから無理」なんて考えてたら、平均寿命の通りに夢が0・2秒で砕け散ってしまいます。「タワマンって素敵」と感じたら、タワマンの画像を見る。住んでいる自分を妄想してみる。そしてワクワクするなら、その願いを大事に持っていてください。

願いの箱を大事に持っている途中で、素朴な一軒家の写真を見て心がときめいたなら、また一軒家の願いの箱も手に取ったらいいんです。海の近くの家の写真を見てドキドキしたら、海の近くの家の願い箱も手に取りましょう。

願いは一つしか持っちゃいけないなんて決まりはありません。心のアンテナがキャッチしたものを全部手に取っていく。そして、その中から選んでいく喜びを感じてください。**たくさん生まれた願いの中から、あなたの心のワクワクをいちばん長く持続させたものが、あなたが本当に望んでいるものです。**

「○○を食べたいな」「ドコドコに行きたい」という、すぐに叶えられそうな願いが生まれたときも、すぐに叶えてあげましょう。

「あれ、食べたいものを食べてみたけど、なんか違ったぞ」ということがあってもいいんです。**潜在意識は「願いが生まれたときに、その願いを叶えるためにワタシが動いてくれたぞ!」という経験値をしっかり覚えていてくれます。そのフットワークが嬉しくて仕方ない潜在意識は、大きな願いを叶えるために必要なヒントだって、喜ん**

で教えてくれるようになります。

どんな大きな願いも、ささやかな願いも、自分の中に生まれたものはどれも大事な願い。自ら捨てることはしないで、願いの種を育ててあげてくださいね。

ろ【6億円】

私の通帳にやってくる予定の金額。

わ【脇役】

自分にとってその他大勢の人の物語では、脇役でいい。でも、自分の物語と、好きなあの人の物語で脇役はいけません。**自分が主役の物語を頭の中で創り上げましょう。**

第4章

うまくいっていない現実も、妄想で変えられる!

引き寄せがうまくいかない…というご相談をいただきます。
でも本当は、引き寄せられていることだってあるはずです。
妄想実現化には
「得意ジャンル」と「不得意ジャンル」があるんです。
不得意ジャンルも得意ジャンルに!
その攻略法をお教えしますよ!

妄想現実化にも得意ジャンルと不得意ジャンルがある

妄想をしていても、なかなか現実に変化が訪れないことがあります。

私は、恋愛や「書くことを仕事にする」という願いはすんなり叶ってくれましたが、お金はなかなか時間がかかりました。

妄想現実化にも、得意ジャンルと苦手ジャンルがあるということですね！

まず、自分の中の得意ジャンルと苦手ジャンルを分けましょう。なかなか現実が変わってくれないと感じているものが、あなたの苦手ジャンルです。恋愛、お金、人間関係、美容健康、仕事……などなど。苦手ジャンルは、あっさりと思い浮かぶのではないでしょうか。

でも、得意ジャンルも必ずあるはずなんです。お金は割と順調だな、とか、好きな仕事ができているな、とか、食べたいものを叶えるのは得意だな、というふうに。

「得意ジャンルなんて何もない！」という方。大丈夫です。そういう方は、「自分の望みとは逆のことを叶える」のが得意です。

意地悪なことを言ってしまってごめんなさい！　でも、「あ、そうか。望んでいないことが叶っているんだな」という事実を受け入れることも大切です。

この章では、なかなか変わらない現実を、妄想を使って変えていく方法をお話ししていきます。ゲームでも試験勉強でも、傾向を知って対策を練ることは大事です。現実も同じ。あなたの現実の傾向を知って、対策を打っていきましょう。

望みを叶えるのが苦手な人の対策

ではまず、「望みとは逆のことを叶える」ことが得意な方、つまり、望みを叶えることが苦手な方の対策です。

①「主語は自分」と「どうなりたいか」を明確に

「あなたはどうなりたいですか？」と聞いているのに、「今の現実は彼には彼女がいて、彼女はこんな人でいつも会社でこんなふうで」とか「私は今まで全然恋愛がうまくいかなくて、好きになった人にもこんな扱いをされてきて」とか「お金が全然ないんです。欲しいものはたくさんあるのに何も買えません」とか、現状報告をしっかりと詳細にしてくれる方のなんと多いことか。

詳しすぎるマニュアルよりも、簡潔に知りたいことだけが書かれているマニュアルのほうが使いやすいように、詳しすぎる現状報告はいりません。

私のもとに届くお悩みメッセージは、

「これから私はこうしたいんです」

「これから私はこうなりたいんです」

ということよりも、

「彼が（どうした）」

「彼は（こうなんです）」

「彼の彼女が（こんな人なんです）」

「今の現実が（こんな感じなんです）」

「今までこうだったんです（こんなかわいそうな過去を生きてきたんです）」

という第三者が主語の文章や、過去や今現在の話であふれています。

おかげで私は、相談者様の好きな彼はおろか、彼の彼女や家族構成まで詳しくなってしまうことがあります。相関図まで作れちゃいそうな勢いです。ふう。

過去や今も、間違いなく自分が創り出してきたものです。ですので、しっかりと過去と現実を見つめ、自分のどんな思考がそれらを創り出してきたのか、知る必要はあります。

自分の思考と、現実の傾向と対策を知ることは、受験勉強と同じく、何かを攻略したいときに大切なことです。でも、対策を打とうともせずに、ただ今の現実報告をしているだけでは、赤点のテストをずっと眺めながら「ああどうしよう、どうしよう」と嘆いているようなものです。

過去と現実を知った後は、自分の未来に意識を向けなくてはなりません。

「私はこうなりたいんですけど、彼はこうなんです」

「こんなことを願ってるんですけど、今の現実はこうなんです」

じゃなくて、

「彼はこうなんですけど、私はこうなりたいんです」

「今の現実はこうだけど、私はこうなりたいんです」

と、「私はこうありたい」の部分を大事にしてください。

②体験したい感情を見極める

「あなたはどうなりたいですか？」と聞いて返ってくる「結婚したい」「お金持ちになりたい」「こんな仕事をしたい」「幸せになりたい」というふわふわした答え。これも多いです。

ふわふわしながら生きていくのは軽やかで結構ですが、自分の願いや未来設計はしっかりきっちりやっていきましょう。

結婚して、お金持ちになって、好きな仕事について、そこで終わりではありません。そこから、どんな幸せを見つけ、育てていくか。そこがわかっていないと、いつまでもぼんやりした現実を送ることになってしまいます。自分の本当の願いを突きとめて、本当に手に入れたい幸せを現実のものにしていきますよ！

「結婚したい」↓なんで？「好きな人と一緒に生きていくときめきや喜びを手にしたい」「金銭的に安定したい」「親を喜ばせたい」「専業主婦になりたい」などなど。

「お金持ちになりたい」↓なんで？「欲しいものを買いたい」「好きな場所に行きたい」「お金の心配をしたくない」「仕事をしたくない」「遊んで暮らしたい」などなど。

「こんな仕事をしたい」↓なんで？　「生きがいが欲しい」「注目されたい」「高収入を得たい」「楽して稼ぎたい」などなど。

さらにそれぞれの願いを「得たい感情」まで細かく分けてみます。

「好きな人と一緒に生きていくときめきや喜び」↓喜び、ワクワク、安心感
「金銭的に安定したい」↓安心感
「親を喜ばせたい」↓他者の幸せ
「専業主婦になりたい」↓「仕事を辞めたい」「楽そうだから」などの現実逃避の場合もアリ。「家事が好き」ならやりがい、達成感。「旦那さんを支えたい」なら他者の幸せ

「欲しいものを買いたい」↓満足感、ワクワク
「好きな場所に行きたい」↓刺激、ワクワク

「お金の心配をしたくない」↓安心感
「仕事をしたくない」↓自由
「遊んで暮らしたい」↓自由

「生きがいが欲しい」↓刺激、満足感
「注目されたい」↓優越感、承認欲求
「高収入を得たい」↓なんでお金が欲しいと思うのか？（お金の願い参照）
「楽して稼ぎたい」↓自由

ざっくり分けて、こんなところでしょうか。いろんな感情が出てきましたが、どんな願いも突き詰めてみると、結局のところは「ワクワク」「刺激」「自由」「安心感」「他者の幸せ」など、なんらかの感情を味わいたいということになります。

でも、よーく考えてみてください。これらの感情って、今すぐ叶えてあげることができるんですよ。

「ワクワク」は、今この場で妄想するだけでも味わえます。素敵な人とデートしている場面や、100万円の臨時収入が入ってきた！　と妄想するだけで、心はワクワクに満たされています。

「刺激」が欲しいときには、第2章の「ようこそ夢の国へエントランスゲート」です。自分の心次第で、いつでも新鮮な毎日を体験することができます。

「他者の幸せ」を見て自分が幸せを感じたいなら、今すぐ誰かに笑顔を向けましょう。「ありがとう」と伝えましょう。「どうかあの人が今笑っていますように」とそっと心の中で願いましょう。あなたが大きなことを成し遂げなくても、誰かを幸せにすることはできるんです。

妄想の中で、大切な誰かが笑っている姿を思い浮かべるだけで、あなたの心も幸せに満たされます。欲しい感情を味わいたいときに、妄想はうってつけです。

「自由」と「安心感」は、人間が欲している究極の感情だと思っています。なんでも好きなことができる自由と安心感が欲しいから、お金が欲しい。安心して生きていきたいから、好きな人と幸せな家庭を築きたい。

お金があって愛する家族がいても、自由に生きていけない日々と、何かにビクビク怯えて過ごす毎日なんて嫌ですよね。

「自由」の感情を味わいたかったら、日常生活から積極的に自由を感じていきましょうよ！

「好きなところに行く」という自由や「外に出る」という自由が感じられないときも、

「好きなときにトイレに行ける」！

「紅茶を飲みたいときに飲める」！

「お風呂に1時間も入れる」！

という自由があります。

私もトイレに行くたびに「え、待って！　私ってめっちゃ自由じゃない⁉」と感激したり、紅茶を飲むたびに「好きなものを好きなときに飲めるなんて！　うわあああ！　幸せ！」と喜んだり、お風呂に入るとき

に「好きな入浴剤を入れて、好きなだけ入浴できる！　このパラダイスの名前はなに!?」なんてことをいつもいつも思ってるわけではないですが、ちょくちょく思っています。

「私、今行きたいところに来てるわ！（それがトイレであっても！）」

「今、飲みたいものを飲んでるわー！」

「好きなことをしてるわ！」

という感じで、「私は今自分がやりたいことをやってる」という自由な空気感を、日常生活の中でこれでもかというほどかもし出してください。

トイレに行ける自由も、南の島に旅行できる自由も、波動・エネルギー的には同じ。

この「私は自由なの的波動」をモワモワ出していれば、さらに好きなことができて、好きな場所に行ける毎日が当たり前のようになっていきます。

様々な事情があり、自由な時間がない方も、金銭的に厳しい方も、脳内は完全に自由です。妄想で、いろんなところに旅立って、いろんなことをしちゃってください。

妄想は、「自由」という感情を味わうときにもうってつけです。

そして「安心感」。超心配性の私ですが、心配事で頭がいっぱいになったときこそ、安心材料をアグレッシブに見つけています。

「お金」のことで心配になったときも、「でもほら、しばらくは十分食べていけるよ」「ちゃんと収入は入ってくるよ」「住む家があるよ」と、ホッとできる材料を見つけていく。

「健康」のことで心配になったときも、「今は体も頭も正常に動いてくれている！すごい！」「野菜もフルーツももりもり食べてるから免疫力上がってるよ！　大丈夫！」「マスクと手洗いの習慣のおかげか、全然風邪もひかなくなったね！」と、今ある良い部分に目を向けるようにする。

「この願いは叶わないんじゃない」と心配になったときも、「現実で叶わなくても、妄想の中で叶えばいいじゃない」と堂々と現実逃避しながら、妄想という場があることに安堵する。

こんなふうに「心配」から「大丈夫」に意識を切り替える習慣をつけることで、心配性の私も1日に100回は安心しています。

誰かや何かが「安心」を与えてくれるのを待つよりも、自分の中で「安心」を見つけ、育てていく。わざわざ必死こいて安心材料を探さなくても、ふと視点を変えるだけで、自分の心をホッとさせてくれるものはゴロゴロ転がっています。

あなたが今、私の本を手に取って読んでくれている。この時間も、安心感に包まれていますね。まさか、悪い奴らに追われている最中じゃないですよね!?

大抵の心配事は、自分の心が勝手に生み出したものです。本当に危機が迫っているときは、心配なんてしてる暇ないですからね！ **心配できるということは、想像力が豊かな証拠。その想像力をプラスに使って、マイナスの妄想よりも幸せな妄想をたくさんしてくださいね。**

第2章の「望む未来再生フィルム」のアイテムを使ったり、第3章の【楽しい】でお話しした感情の先取りをして、体験したい感情を積極的に感じていく。

これであなたは、望んでいないことを叶えるんじゃなく、望むことを叶えられる体質になれるんです！

③自信満々になるのはそっちじゃない

では、三つ目。「自分に自信がない」と言いながら、「できない」「叶わない」「何も変わらない」ということだけは、自信満々に言ってしまう人がいるんです。

ネガティブなほうに自信たっぷりになるのはもうやめておきましょう。「どうせうまくいかない」と言いながら何かを始めても、うまくいくわけがありません。「どうせ」と言いながらやるくらいだったら、やらないほうがマシです。

「できる」「叶う」のほうに自信を持ちたかったら、やはりそれに相応するだけの行動は必要です。試験を受けるときだって、まったく勉強しなかったら自信を持てるわけがありませんよね。でも、精一杯自分にやれることを積み重ねてきたら、その時間は強力な後押しとなってくれるはずです。

自信というものは「よし！　自信を持つぞ！」と張り切るものではなく、自分の行動の結果によってついてくるものです。「スグヤル&ケイゾク錠」を飲んで、今すぐ行動を起こしましょう！

苦手ジャンルがある人の対策

次は、得意ジャンルもあるけど苦手ジャンルもある！　という方の対策です。苦手ジャンルの望みを叶えていくために何をやればいいのか？　見ていきましょう。

今、叶えた自分のエネルギーになる！

苦手ジャンルが「恋愛」であっても「お金」であっても、まず変えなきゃいけないのは自分のエネルギーです。妄想しても何も変わらないのは、「妄想の中の自分」と「現実の自分」のエネルギーが合っていないから。

いつでも息を吸うかのように妄想をし、その妄想の世界にどっぷり浸り、幸せを感じる……という域まで達しているなら、そのジャンルはあなたの得意妄想ジャンルです。得意ジャンルにおいては、現実化させようと頑張らなくても次々と願いが叶ってているはずですね！

例えば、幸せな恋愛の妄想をしているときのエネルギーは「素敵な人と愛し愛されているエネルギー」になっています。そのエネルギーが現実時間でも保てていれば、それは現実でも実現します。

でも、妄想の世界の中の自分は幸せ、だけど現実の自分は幸せじゃない、と妄想と現実を分けてしまっていたら、何も変わりません。

妄想しているときは、素敵な人と愛し愛されているエネルギーになっているのに、現実に戻った途端スンッとそのエネルギーを消してしまう方がいます。

恋愛映画やドラマを見ている間は「素敵ー！」と目がハートマークになってうっとりしていても、見終わった途端スンッて現実に戻る感じ、ありますよね。でも、せっかくのうっとり気分を、オンとオフに切り替えなくてもいいんですよ！

私は「お金」が妄想現実化の苦手ジャンルです。妄想の中ではいつでも6億円が入っている通帳ににやにやし、「あんなこともこんなこともできる」とうっとりできるのですが、現実の時間に戻ると「今月は○万円の支払いがあるなあ。切り詰めていかなきゃなあ」とか、「夫にも節約してもらわなきゃ」なんていう思考になってしまっていたのです。

もちろん、現実世界を生きている以上、「ちゃんと生きていく」ことも大切ですよ！

それでも、1日のうち20時間をちゃんと生きていたなら、ちゃんと生きる時間を18時間に減らしてみる。その次は15時間に減らしてみる。

「ちゃんと現実を見て生きていく時間」を減らすには、「叶えた自分のエネルギーになる時間を増やす」。これが一番シンプルな方法です。自分が「叶えた自分のエネルギー」でいる時間が長くなるほど、「叶った未来」はスピードアップで近づいてきてくれるのです。

叶えた自分のエネルギーになって過ごす

もう一つ、例を出します。

あなたの今は、ごく平凡な会社員。そして願いは「人気ブロガー」だとします。あなたは人気ブロガーになった自分を妄想します。ブログを書けば読んだ人が元気になってくれて、多くの人に幸せを届けている、そんな人気ブロガーです。ブログを書くだけでお金も舞い込んできて、有名人にもファンは多数。そんな妄想をしているあなたは、にやにやが止まりません。

では、実際にブログを書きましょう。

「えーっと……何を書けばいいんだろう」

書くことがないので、とりあえず今日あった出来事と、夕飯のメニューをブログに書きました。

「今は書くことがないから、内容はこんなもんでいいかな。人気ブロガーになったら書く内容も変わるんだろうけど」

これだと「妄想しているときのエネルギー」と「現実の自分のエネルギー」がまったく違うことがわかります。せっかく妄想しているときは人気ブロガーのエネルギーになっているのに、現実時間では会社員のエネルギーに戻っています。

「人気ブロガーになってから」じゃなくて、今この瞬間から人気ブロガーとしてブログを書きましょう。ブログを書いてる時間だけじゃなくて、ご飯を食べてるときも、お風呂に入ってるときも、買い物してるときも、人気ブロガーとしてふるまうんです。

「平凡な会社員」と「人気ブロガー」では、いつどんなときだって、ものの見方も考え方も感じ方も違います。例えば、こんな感じです。

・ご飯を食べたとき

平凡な会社員→「………(食べたものに対して特になんの感想もなし)。え、またあの人不倫したの。サイテー! ……あ、友人のM子がまた旦那さんのことSNSに書いてる。いいね押しとくか……。はーあ、明日もまた仕事かあ」

人気ブロガー→「美味しいー! 今日も幸せ! ん!? 美味しいという感情も幸せの一つ。実際に食べてなくても、美味しそうな料理を妄想するだけでエネルギーは上がるのでは!? 今度のブログで書いてみよう。ネタ一つできあがりー♪」

・満員電車に乗ったとき

平凡な会社員→「…毎日なんでこんなに人が乗ってるの? みんなどこ行くの? 仕事じゃない人は時間ずらしてよ。あーもう、隣りの人の香水きっつ……」

人気ブロガー→「みんな混んでる時間に出勤、大変だなあ。私は今日はたまたま満員電車に乗ってるけど、普段は乗らなくていい生活なんだ。好きなことを仕事にできて良かったなあ」

四六時中人気ブロガーとして感じ、ふるまうのは無理だとしても、せめてブログを書くときは人気ブロガーとしてパソコンの前に座りましょう。ブログアクセスが2桁でも、毎日10万人の人が読んでくれていると思いながら書くんです。**「アクセスが増えてから」「文章が上手になってから」なんて言ってないで、今、自分が先にそのエネルギーに「なる」ことです。**

最初は「なっている」のがブログを書いているときだけでも、その時間を少しずつ伸ばしていき、「ご飯を食べているとき」「街を歩いているとき」「人と会話をしているとき」も人気ブロガーとして過ごしてください。

「叶えた自分」のエネルギーになる

同じものを見ても、年収5000万円の人と、年収300万円の人は感じ方がまるで違います。幸せな恋をしている人と、「私なんてどうせ」と思っている人も、感じ方が違います。

自分が先に「叶えたい自分」のエネルギーになり、ものを見て、考えて、感じることが大切なんです。この「叶ったエネルギー」を、妄想するだけで24時間維持できたら問題ないのですが、妄想がうまくできない場合、どのように「叶えた自分のエネルギー」になっていけばいいのでしょうか。

基本は次の三つです。

①「見る」

どのジャンルでも言えることですが、まずは自分の中に情報が入っていないと、願うこともできなければ妄想することもできません。

自分が体験したい現実を目で見て、強くインプットしていきましょう。

②「行く」

願いを叶えた自分がいるべき場所、いるであろう場所に出向きます。

実際に体を動かして、その場に「行く」ことで、さらにエネルギーをパワーアップさせましょう。

③「ふるまう」

「叶えた自分のエネルギー」を、一瞬だけじゃなく、少しでも長く維持させることが大切です。

願いが叶った場面を【見て】、実際に体感できる場所に【行って】、叶った自分として【ふるまう】。これで完璧です。叶った世界はスタコラサッサでやってきてくれます。

【見て】【行って】【ふるまう】、これで苦手なジャンルも克服できますよ。次から詳しくお話しします。

「恋愛が苦手ジャンル」な人の対策

恋が叶う前から、「恋が叶った私」「素敵な人に愛されている私」のエネルギーに持っていきます。お手本は、過酷な現実の中でも夢見ることと、ちょっとあほになることを忘れなかったシンデレラにしましょう。

①見る

・映画やドラマ

まずは、心をときめきせてくれる恋愛映画やドラマを見る！　そして、「私もこんな恋をしたい」と、どっぷり幸せな世界に浸りましょう。

恋をする二人はどんな顔で相手を見つめるのか。どんなふうに笑うのか。どんな言葉を口にするのか。どのように触れ合うのか。

映画やドラマを「フィクションだ」と思いながら見るのではなくて、自分がスクリーンの中に入り、主人公になったつもりで疑似体験をしてみましょう。これは、実際に「目で見ている」ので、妄想よりも入り込みやすいはずです。

・写真

恋人と行きたい場所や、恋人が着ていたら「素敵だな」と思う服、一緒に暮らしたい部屋の写真を見て、インプットしていきます。

見るだけでもインプット効果はありますが、願い実現は「自分が体験する」ことが目的ですね。**写真をただ見るだけ、というよりも、その写真の中にあるものを感じてください。**

写真が「南の島の海」だったら、どんな音が聞こえる？　どんな香りが漂ってくる？　どんな風が吹いてる？　砂浜や海の感触はどんなもの？

これらを、写真を見ながら妄想力をフルに発揮して、感じてください。

恋人が着ている服は、どんなファッション？　どんな手触り？

一緒に暮らしている部屋には、どんな家具が置いてある？

自分はどこに座り、彼はどこに座ってる？
どんなカップでコーヒーを飲んでる？
台所の床の感触はひんやりしているフローリング？
フカフカのマットが敷いてある？
料理をしているあなたの背中を、彼はどんなふうに抱きしめる？
そのときあなたはどんな表情になる？
彼は耳元で何を言う？
そのあと、彼のいたずらはどれくらい続く？
……おっと！　妄想が止まらなくなってしまいましたよ！

目に入った素敵なものはすべて、あなたが未来で体験する可能性を持っているものです。写真を見るだけ、で終わるのはもったいないですよ！　目の前にうってつけの妄想材料があるのですから、写真を見ながらリアルに疑似体験してみましょう。

・漫画や小説を「読む」

漫画や小説も、立派な妄想材料です！　私が実際に恋を体験する前の恋愛バイブルも、少女漫画でした。

「恋人同士の二人は、こんな会話をするんだ」

「こんなふうに手をつないだりするんだ」

とドキドキしながら読んでいたものです。

思春期真っ盛りの私は漫画の主人公になりきって、心をときめかせながら恋愛漫画を読んでいました。この漫画にはこのアーティストのこの曲だな、と主題歌まで決めてましたから。イタイですね！　**でも妄想現実化においては、イタくなったもの勝ちですよ！**

②行く

恋人と行きたいデートスポットやレストラン、旅行先に一人もしくは友人と行きましょう。実際に体験したエネルギーは強力です。見える景色、聞こえる音、空気感。それらを肌で感じてください。

今、隣りにいるのは友人でも、家族でも、「うふふ！　彼とこんなところに来れて嬉しい」と、「恋人と来ている私」に意識を飛ばしましょう。

「なかなかそんなことはできない」と言うなら、仲睦まじいカップルを見ながら、「私と彼もあんなふうに手をつなぐんだ」「私も、あんなふうに優しく彼から見つめられるんだ」と、素敵なカップルを自分の恋のお手本にしちゃいましょう。

私は一人で行動するほうが好きなのですが、若かりし頃は、恋人がいないときにはちょくちょく友人とデートスポットに行っていました。ただその場所に行きたくて、でも彼氏がいないから友人と行く、といった感じでしたが、素敵なカップルを見ながら「私も今度は彼氏と来るんだ〜」と、隣りにいる友人を脳内で素敵な男性に変換し、妄想に励んだものです。私はいつもこんなことを脳内でしているのです！

ごめん、私の友人！

「おひとりさまなんて恥ずかしい」なんて言わず、一人でも、恋人と行きたい場所にどんどん足を伸ばしましょう。

すぐに行けないという場合は、写真や動画を見て疑似体験でも大丈夫！　シンデレラも、部屋からお城を眺めて妄想に励んでいましたよね！

可能な限り、実際に行動することは自分のエネルギーを変えることにもつながります。行動力アップ＝エネルギーアップですよ！

③ふるまう

あなたは今日からモテ・モテ子です。モテ・モテ子にふさわしい言動をしてください。

妄想の中では素敵な人に溺愛されている私になっているのに、現実世界で男性と接するときには「私なんてどうせ」という態度でふるまってしまう。これは、とてももったいないですよ！

いいですか。あなたは現実世界でも浅倉南です。多くの男性を魅了するモテ・モテ子なんです。

「私、自分に自信がないんですけど」

「私、あなたに好きになってもらいたいんですけど、たぶん無理ですよね」

という態度で男性と接するんじゃなくて、

「あ、どうも〜、私モテ・モテ子です。あなたも私のことを好きになっちゃいます？」

「私あなたのことが大好きなんですけど、あなたも私のことを好きになってもいいですよ♡」

という態度でふるまいましょう。

あなたは誰かにお願いして選んでもらう存在ではなくて、選ぶ立場にあります。頑張らなきゃ愛されない存在ではなくて、そのままで愛される存在です（あ、でも最低限の努力は必要ですよ。清潔さとか、言葉遣いとか。怠けていいという意味ではありません）。

妄想の中の自分と同じ笑顔で、人に笑いかけましょう。優しく、愛がある言葉を口にしましょう。シンデレラは容姿も確かに美しいですが、ふるまいも美しいのです。

すごく大事なことを言わせてください。

あなたの世界は現実世界だけではないんです。妄想の世界があるんです。

妄想の世界があるんです（すご－く大事なことなので2回言わせてもらいました）。

現実の彼があなたにそっけなくても、冷たくても、あなたには妄想の世界の中の彼がいます。

「（現実の）あなたが私につれなくても、（妄想の）あなたは私を幸せにしてくれてるの。だから私はこれ以上あなたに何も求めないし、別に頑張って幸せにしてくれなくてもいいよ～。妄想とか、美味しい紅茶とか、好きな映画とか、私を幸せにしてくれるものはいっぱいあるし♡　それではごめんあそばせ～」と余裕ぶっこいてみましょう。

「私、愛されてるの（それが今は妄想の中だけだとしても）」という余裕のオーラが、あなたを本当に愛される女性に変貌させ、あなたは彼から追いかけられる存在になります。

「お金が苦手ジャンル」な人の対策

では次に、お金が苦手な方の対策です。

お金は、毎日の生活に関わってきます。現実のパワーが圧倒的に大きいために、なかなか手ごわいジャンルではありますが、大丈夫。自分のエネルギーを変えることはできるし、その結果としてちゃんと現実も動き出してくれますからね。

お手本は、貧しい生活の中でもいつか王宮で豊かな暮らしをする夢……というか大きな野望を持ち続けたアラジンにしましょう。

①見る

・写真

お金持ちだったら行く場所。

お金持ちだったら住んでいる家。

お金持ちだったら食べているもの。

まずはこれらの写真を集め、見て、しっかり脳にインプットです！

今はまだ十分なお金がなくて行きたい場所も、住みたい家も、叶えられない日々かも知れません。でも見るだけならいつでもできますよね。頭の中は自由ですよね。

アラジンも、毎日王宮を眺めながら「いつかきっと大金持ちになる」と夢見ていました。夢の中と現実がかけ離れていても。

自分は何が欲しくて、何がしたくて、どうなりたいのか。この未来図が自分の中に入っていないと、人生は「お任せコース」になってしまいます。

私も、1万円の札束の写真や、行きたい旅行先の写真をデスクの前に貼っています。

写真に写っているものの手触りも妄想してみてください。それをリアルに「ある」と感じることができたら、本当に自分の手の内にやってきます。

・動画

いや〜、本当に素晴らしい時代に生まれてきてよかったですね！　私も皆さんも！

だって、自宅にいながらにして、さまざまな場所の動画を見ることができるんですから。

私は、お金があったらとにかく旅行！　というタイプなので、飛行機内を紹介している動画や、高級ホテルの滞在動画などを頻繁に見ています。**体は自宅にいても、心は南の島に飛べるんです。**暖かくさわやかな風も、潮風の香りも、トロピカルジュースの味も、動画を見ながら感じることができます。

それでも、私たちは肉体を持っている以上、「実際にこの体で体験したい」という欲を持っています。この欲を満たすためには、やはり妄想するだけではなく、行動も必要。そこで「行く」の出番です。

②行く

・「高級感」「優雅さ」「豊かさ」を感じる場所

ぼんやりした表現になってしまいましたが、高級感や豊かさを感じる場所は、人それぞれ違います。「場所」にも「土地」にもエネルギーは存在しています。**自分が心地良いエネルギーを感じる場所に、実際に足を運びましょう。**

私のおすすめ……というより好きな場所は、ホテルのロビー。ホテルに宿泊するお金が今はないとしても、ロビーに入り、ラウンジでお茶を飲んで、ゆったりした時間を過ごしてみましょう。

完全に個人的な話なのですが、私は「ザ・都会感」が漂っている銀座や六本木に出向いても、どこに行けばいいかわからず右往左往し、結局行き慣れたドトールなどに入って一息ついてしまいます（銀座にはユニクロもオープンしましたし、私のように都会にアタフタしてしまう人も安心ですね！）

私が好きな場所で、豊かなエネルギーを感じ、なおかつ落ち着くのはお台場や横浜エリアですが、これには子供が生まれる前によく夫と出かけた思い出補正も入っているのかもしれません。

幸せなエネルギーを感じる場所は人それぞれ。自分だけの素敵な場所を、たくさん見つけてくださいね。

・心が落ち着く場所

これも人による、としか言えませんが、「高級感」とはまた違う、心が穏やかになる場所にも行ってみましょう。自然がいっぱいの公園や、前向きなパワーを与えてもらえそうな寺社に、休日に出かけてみるのもいいですね。

私の心が落ち着く場所は、水辺です。海でも、川でも、池でも、沼でも（綺麗な場所、たくさんありますよ！）、水辺ならどんな場所でも私に癒しを与えてくれます。きっとこれも、祖父母の家が海のすぐ近くにあったり、実家の近くに川が流れていたことが関係しているのでしょう。

パワーをもらえる場所でエネルギーを充電し、安心感に満たされてみましょう。「お金」と「安心感」は直結しています。自分が「ホッと安心」していたら、外側の世界もどんどん「どうぞどうぞ」と安心できる材料を差し出してくれるようになります。

『「安心感」は、外側にある何かが持ってきてくれるわけではありません。お金とか、誰か、が持ってきてくれるわけではないんです。

安心感を生み出せるのは、自分の心だけです。

私は、年収200万円も年収1000万円もどちらも経験していますが、どちらの状況でも安心もできたし心配もできました。きっと、年収1億円になってもそうなんでしょう』

ホッとするエネルギーを充電できる場所を見つけ、揺るぎない安心感を得てください。その結果として、安心できる豊かな毎日が現実のものになります。

※ちなみに、『　』の中の文章の「安心感」を「幸せ」に、「年収200万円」と「年収1000万円」を「一人の生活」「結婚している生活」に置き換えてもピッタリきますよ！　すべての感情は、自分の心が生み出すことができるのです。

・美術館やクラシックコンサート

金額に左右されることなく、「質が良いもの」に触れることを意識してみましょう。

質が良いものは金額が高かったりもしますが、無料で入れる美術館や博物館、オンラインで無料視聴ができるクラシックコンサートもあります。

「お金がないからできない、行けない」はただの言い訳ですよ！　**今はお金がないならないなりに、自由に外出できないならできないなりに、自分の気持ちをときめかせてくれるものを探してみましょう。**きっと多くの上質のものに出会えて、あなたのエネルギーもぐんぐんアップしていくはずですよ。

③ふるまう

え!?　まさか、財布の中に1000円しか入っていないからって「はーあ、何も買えないな」なんて感じながら歩いてないですよね!?

あなたには「幸せなお金持ちバッジ」があるのです（第2章参照）。「銀行口座に6億円が入っている」「今、財布の中に100万円入っている」と思いながら、胸を張って堂々と歩きましょうよ！

目に入るものは、なんでも買えます。でも、いくらお金があっても、お店にあるものすべて欲しいわけではないですよね？　レストランのメニューだって、全部食べることはできないですもんね！

だから、「買えないから買わない」じゃなくて、「買えるんだけど、買わないよ」というスタンスで、目に入るものを眺めてみましょう。

１００円のものを買うときも、１００万円のものを買うときも、あなたはお客様なんです。偉そうにしろ、ということではなくて、「いいものを買わせてもらいます！ありがとう！」という思いで、気持ちよくお金を支払いましょう。５００円のランチを食べるときだって、フルコースを食べている気分で美味しく優雅にいただきましょう。

自分で自分のことを「貧乏人」と扱わず、「お金持ち」として扱い、ふるまう。先に自分が豊かなエネルギーになることで、周りもそのようにあなたのことを見るようになり、現実も変わり始めます。

スグヤル&ケイゾクが大事

見て、行って実際に体験して、ふるまう。

これが、妄想だけでは「叶えた自分のエネルギーになる」ことが足りないときに、そのエネルギーを補ってくれるおすすめ行動の三つのステップです。読んでもらうとわかるように、「こんな簡単なことでいいの?」というようなことばかりですよね。

でも、こんな簡単なことをやらない人、続かない人がほとんどなんです。

「同じことを繰り返しながら違う結果を望むこと、それを狂気という」という言葉があります（アインシュタインが言ったとの説がありますが、違う説もあるそうです）。

今と同じことをしながら現実だけ変えようなんて、そんな虫のいい話はありません。

本当に効果があるかどうかなんて、まずはやってみないとわかりません。**あれこれ考えてる暇があったら、迷わず行動に移す！「スグヤル&ケイゾク!」ですよ！**

第5章

妄想と現実の両方を幸せに生きる

普段、私たちは「顕在意識」の影響を強く受けています。
この「顕在意識」が「潜在意識」に情報を伝えてくれて、
あなたの願いは、ようやく現実化に向かい始めます。
この章では「顕在意識」に
上手に働いてもらう方法をお伝えします。

顕在意識を上手に働かそう！

ここまでを読んでこられて、「こうなりたい！」と願っても、それがすぐに叶わないのは「今の自分で生きているから」ということが、わかっていただけたと思います。

「今の自分」は「願いが叶う前の自分」ですね？　ということは、「願いが叶っていない自分」ってことなんですよね。

「年収１０００万円の自分」で生きていたら、そのエネルギーに応じて年収１０００万円の現実がやってきます。それがやってこないのは、やはり、「年収３００万円の自分」で生きている時間が長いからです。そうなると必然的に、年収３００万円の現実が続いていきます。

じゃあなんで、「年収１０００万円」を望んでいるのに、「年収３００万円の自分」で生き続けてしまうのか。

それは、人は「顕在意識で生きているから」です。顕在意識とは、自分が自覚できている意識のことです。意識の中の3％という小さな割合のくせに、私たちはこの3％であれこれ悩んだり考えたり決めたりしています。

年収1000万円という願いがありながら、「私には無理」「今は年収300万円だし贅沢もできないし」とストップをかけてしまうのが、顕在意識なんです。

言ってしまえば、顕在意識で生きるということは、「ちゃんと生きてしまっている」ということ。特に昼間は顕在意識がめちゃくちゃ元気です。だから、ちゃんと生きてしまっています。

もっと、あほみたいに生きていきましょう。

顕在意識でいくら「私はお金持ちになる」と思っていても、それが現実化することはありません。だって3％ですもん。「3％のボクに人生を変えろって言われても無茶ですよ～」と顕在意識の泣き言が聞こえてきそうです。

「私はお金持ちになる」という思いが潜在意識に届いてやっと、その思いは現実化に向かい始めます。

でも、じゃあ顕在意識は役立たずなのかって言われたら、そんなことはありません。

顕在意識は、**潜在意識にいろんなことを届ける重要な役割を担っています。**

この章では、顕在意識にできることを見ていきながら、顕在意識さんにも全力で働いてもらう方法をお伝えしますよ。

顕在意識を働かせて妄想を育てる①
もっと幸せな世界を知ろうとする

潜在意識に届くいろんなことって、あなたが見たもの、思ったこと、妄想したこと、ぜーんぶです。

だからこそ、顕在意識＝自覚もコントロールもできる意識で、できることは全力でやる。第4章でお話しした「見る」「行く」「ふるまう」をやっていくんです。顕在意識が知っている狭～い世界の中で、あなたの幸せを決めちゃいけません。

幸せの選択肢を増やす

あなたが今までに、何人かの人と恋を体験したとします。最初の人は優しかったけど浮気をしました。次の人は、同じく優しいけどギャンブルにハマって借金がありました。次の人は、浮気もギャンブルもしなかったけどあまり優しい人ではありませんでした。でも、あなたは最後の人が「マシ」に思えて、「浮気もギャンブルもしない人に出会えて幸せ」と思うようになりました……。

あれ？　こんなシンデレラの物語は、幸せそうでもなんでもないですね。あなたが知らないだけで、本当に王子様と思えるような人はきっとどこかにいるはずなのに。

回転寿司しか行ったことがなくて、普段は100円のマグロしか食べたことがない人が、200円の中トロを食べて「うっまー！　この中トロが世界でいちばん美味しいな！」と言っているようなものです。

回らない高級寿司屋にも回転寿司にも行っている人が、100円皿のマグロも200円の中トロも一貫1000円の大トロも食べて、「うん！　私は200円の中トロがいちばん好きだな！」と言っているほうが、「あ、この200円の中トロは本当に美味しいんだな」って説得力がありますよね。

年収150万円だった人が年収400万円になって、「私めっちゃお金持ちになったわー！」って言っても、年収3000万円の人からしたら「…………え!?」ってなもんですよね。

年収400万円をバカにしたいわけじゃありません。私が言いたいのは、自分の中の幸せメーターの満タンが100（年収400万円）だとして、幸せメーターが100になったから「もうこれで十分！」と満足するんじゃなくて、幸せメーターの満タンを限界突破して1000（年収3000万円）に引き上げてもいいんじゃない!?ってことなんですよね。

メーター100の幸せも知りながら、メーター1000の幸せも知ろうとする。まだ自分が体験していない世界を知ろうとするのって、幸せの選択肢を増やすということなんです。

顕在意識が知っている狭い世界の中で幸せを選択するのは、ほんの少ししかない選択肢の中から、いちばんマシそうなものを選んでる、ってだけのことです。

「マシ」じゃなくて、「これがいい。絶対に！」と思える本当の幸せを選んでくださいね。

顕在意識を働かせて妄想を育てる②
顕在意識を休ませる

「顕在意識に全力で働いてもらう」と言いながら、「休ませる」とは何事でしょう！

いえいえ、皆さんの顕在意識は働きすぎです。「休むことも大事な仕事」ってセリフ、よく聞きますよね。

「彼とお付き合いしたい」と思っても、「いや私なんて無理」と判断してしまう。「私なんて美人じゃないし」「私はもう若くないし」「私の恋がうまくいくわけないし」「彼には彼女がいるし」「彼と年が離れてるし」と、「無理」の理由だけは原稿用紙2枚分も書けそうな勢いで挙げてしまう。

「お金持ちになりたい」と思ったら、「でもどうやって？」と考えてしまう。「私がお金持ちになれるなんて、宝くじに当たるくらいしかない」「お金持ちの彼氏を見つけたらいい？」「資格をとったら、これくらいならお給料アップしそう」と、「思いつく範囲」で考えてしまう。

「幸せになりたい」と思って、いろんな自己啓発本を読む。「〝ありがとう〟と繰り返すのがいい」と聞いたら〝ありがとう〟と繰り返す。「妄想がいい」と聞けば、一生懸命妄想をする。素敵な彼に愛されるために、料理も始めたしダイエットも頑張る。

それはいいです。でも、やらなかった日が1日でもあったら、不安でいっぱいになってしまって、「やらなきゃ」という強迫観念でいっぱいになってしまう。

これ、ぜーんぶ顕在意識がやっていることです。**もうホント、皆さんの顕在意識働きすぎ。「顕在意識に何もさせない」「顕在意識を休ませる」時間を意識して作りましょう。**

顕在意識を休ませるとは、「思考することを休む」ということです。

顕在意識の休み時間　1時間目『何もしない』

文字通り、何もしない時間を作ります。ぼーっと座っていても寝転んでも構いません。そして何も考えずに、ただ壁やら天井やらを見てぼーっと眺めます。

「……こんなのんびりした時間が欲しいわ〜」と思った方。でもこれ、やってみるとかなり難しいんですよ。

「何もしないようにしよう」と思っても、頭っていろんなことを考えちゃうんです。頭に何か機械をつけて、「何も考えないでね！　何か考えちゃったら電気が流れるからね」なんて実験をしたら、5秒ごとにビリビリです。

というわけで、2時間目に行きます。

2時間目『「今」にただ反応する』

息を吸ってください。「今、息を吸ってる」と感じてください。

息を吐いてください。「今、息を吐いてる」と感じてください。

今あなたが手にしてくれている、すっごく素敵な本の感触を感じてください。

外を歩いているときは、空の色をよく見てください。「きれいな青だな」「今日は曇っていて白一色だな」と観察してください。

ただ、「今やっていること」「今自分が触っているもの」「今自分が見ているもの」に意識を集中している瞬間、思考は止まっています。

願いを叶えるときにいちばん邪魔をしているのと言っていいのが、自分の思考です。

「やっぱりダメかな」「どうせ叶わないだろうな」「今月もお金厳しい。そして来月もきっと厳しい」という、頭の余計なおしゃべり。

これらの余計なおしゃべりを休ませて「今」を感じることが、願いを叶えるスピードアップにも繫がります。

3時間目『ぶっ飛んだ妄想をする』

「中肉中背のそこそこの人と出会って恋をして結婚して、そこそこの生活を送っていくんだろうな〜」と、そんな未来を妄想する。

いやいや、なんですかそのときめきのない妄想は。現実的な妄想に意味はありません。

あなたはカフェでコーヒーを飲みながら本を読んでいます。すると、背が高くてイケメンで王子様みたいな男性が現れ「なんの本を読まれているんですか？　あ、すみません！　本を読んでるあなたの姿があまりにも素敵だったので、つい……」と話しかけられました。こうしてあなたと王子様の恋が始まりました。

王子様とのデートは高級外車、王子様からのプレゼントは手にあふれるほどの花束。彼はいつもあなたをプリンセスのように大切に扱ってくれます……。

これだけぶっ飛んだ妄想を楽しみましょう。

「そんなヤツおらんて。いたとしても私のことなんて好きにならんて」と関西弁でツッコミたくもなるでしょうが、とにかく四の五の言わずに妄想してください。

あなたは王子様とのデートを妄想をすることでドキドキします。何度も何度もドキドキします。これを繰り返すことで、体がこのドキドキを覚えていきます。

脳と体がドキドキを覚えたら、次は現実の自分のエネルギーです。あなたは王子様との恋がふさわしい自分になるべく、いつもより明るい色の服を買うようになったり、メイクが変わったり、内面も磨くように変わり始めます。「私、素敵に綺麗になる」という思いがムクムク湧いてきます。

ここから、現実が本格的に動き始めます。

中肉中背のそこそこの人との妄想では、こんな気持ちは湧いてきませんよね。そこそこの自分でいいわ！　ってなっちゃいますからね。

それではあまりにももったいない。あなたは今よりももっと綺麗になるし、素敵な

恋をして、幸せな人生を送らなくては。

ではそんなあなたに妄想テストです。
あなたは「幸せな恋をする」と決めました。どんな妄想をしますか？

A　婚活パーティーで出会った、好きでもないけどキライでもない人との結婚生活を妄想する
B　トム・クルーズと劇的な出会いをし、見初められ、イチャイチャしてる妄想をする

はい！　もちろん正解はBですね。
妄想にまで常識を持ってくることはないです。妄想の中でまで遠慮することもない

んです。**妄想は、心からときめいてドキドキしてこそ意味があります。**

そしてもう一つ。

「ちゃんと妄想できてるかな」と考えている場合は、大抵できていません。

「ちゃんと妄想できてるかな」って考えている時点で、顕在意識がムクムク顔を出しています。そんなことを考えてる暇があったらトム・クルーズのキラッキラの笑顔を思い出してうっとりしましょうね！

4時間目『「何もしない」時間を許す』

顕在意識は「あんな素敵な人に愛される私であるために、頑張らなきゃ」とか、「お金持ちになるためにバリバリ働かなきゃ」なんて、ちゃんとしたことを言ってきます。

それが間違っているわけではないですよ！　もちろん「素敵な私であるための努力」や「バリバリ働く楽しさ」もあります。

でも、「頑張らないと愛されない」「バリバリ働かないとお金持ちになれない」とは思わないでくださいね。**それなりの努力も必要だけど、何もしていない時間だって、あなたは愛されていていいし、お金を得ていいんです。**

特に私のように、フリーで仕事をしている方は、「何もしない」って、本当に勇気がいるんですよね。お金を稼ぐために、より多くの人に自分を知ってもらうために、「書かなきゃ」「何か発信しなきゃ」「宣伝しなきゃ」という思いに駆り立てられることがあります。

もちろん、できることは精一杯やりますが、何もしていない時間や、ただ遊んでいるだけの時間だって、当然あります。でも、こんな時間を持つことに対して、「いいんだよ、大丈夫だよ」って自分を許してあげてください。

私の場合でお話しすると、2時間映画に夢中になっているときも、2日間ディズニーで楽しく過ごしている時間も、温泉で極楽気分のときも、どこかの誰かが私の本を買ってくれていたりします。

ということは、私が映画を見ているときもディズニーで遊んでいるときも温泉に入っているときも、収入が発生しているということなんですね。

私は何もしていない時間にこそ、「ふふふ……今も私の口座にチャリンチャリンとお金は入り続けている！」とにやにやしています。ゲスいでしょう!!

会社勤めをしている方は休日がありますね。お休みの日に仕事に関することを何もしていなくても、お給料はもらえます。口座にチャリンチャリンとお金が入っています。**何もしなくても、お金をもらっていい。何もしなくても、豊かになっていい。何もしなくても、恋を叶えていい。何もしなくても、幸せになっていい。**

どんなときも自分を見張り続け、神経を張り詰めていなくてもいいんですからね！　何もしない時間を過ごす勇気を持ち、何もしなくても幸せでいていいんだと、自分に許可を出してあげてください。頑張りすぎなくても、きっと大丈夫ですからね。

5時間目『顕在意識で決めないように頑張る』

あなたはこれからランチです。何を食べましょうか。

いちばん食べたいのは1700円のステーキセットです。でも「高いな」と思い、980円のハンバーグセットにしました。

残念ー！　これではまた顕在意識に判断を委《ゆだ》ねちゃっています。

頭で考えず、「直感で動く時間」を大切にしてみましょう。（第2章「直感」でもお話ししましたね）。仕事の帰りに「こっちから帰ってみようかな」と思ったら、そっちから帰ってみる。「行きたい」と思ったら何の用事がなくても本屋さんに行く。

私は先日、何の理由もなく急に「行きたい」と思い、本屋さんにフラッと寄ったら、入手困難だった人気漫画が全巻揃っていて、購入することができましたよ！

「行きたい」「やりたい」「食べたい」に理由なんていりません。**頭で考えたことじゃなくて、自分の素直な気持ちが「こうしたい」「こうしようよ」と言っているほうを選ぶ癖をつけてみてください。**潜在意識はいつもサインを送ってくれています。このサインをキャッチできるか否か。成功する人は直感が冴えているし、決断力がありま す。**直感で動く回数を増やすことで、直感力を鍛えることができますよ。**

願いを叶えるための手段も同じです。顕在意識は狭い世界しか知りません。「この願いを叶えるためにはああしてこうして」はまったくアテになりません。**顕在意識ですべてを決めて動こうとしないで、潜在意識を信じて委ねる。これ、大事ですからね！**

妄想と現実のドキドキをリンクさせる

はい！　以上、「顕在意識の休み時間」の5時間授業でした。

だけど、何事もバランスは大切だということも忘れないでください。

3時間目の「ぶっ飛んだ妄想」ですが、妄想だけしていても何も変わらず、現実の自分のエネルギーも変えていかないと意味がないのは、今までにお話ししてきた通りです。

ぶっ飛んだ妄想でドキドキしながら、そのドキドキを現実でも体験する。

いくらトム・クルーズにドキドキしていても、「私、トム・クルーズにしかドキドキしないの」っていうのは偏りすぎです。トム・クルーズにドキドキしながら、現実の男性にもドキドキしていく。

ほら、道行くあの人はスーツ姿が素敵。建築現場のおじさんも、作業着が様になっていて素敵。トム・クルーズのように外国人男性と出会いたかったら、英会話を習い始めて素敵な外国人先生にドキドキするのもいいですね！

こうして、妄想のみに頼らず、妄想のドキドキと現実のドキドキを少しずつリンクさせていくことが大事なんです。

二次元キャラやアイドルに恋をしている場合も同じですよ。「私、もう鬼滅の刃の煉獄さんにしかときめかないの」という方。いやもう、どんどん妄想してくださいい、あなただけのものになってる煉獄さんを。煉獄さんは素敵、それは否定しない。でも、現実でもあなたをときめかせてくれる男性は必ずいるんです。

妄想と現実の境界線をはっきり分けない

第4章でも、妄想しているときはうっとりしているのに、現実に戻った途端にスンッと冷めてしまう場合の話をしましたね。**妄想にどっぷり浸かるのはいい。でも妄想と現実の境界線をはっきり分けないでください。**

トム・クルーズに感じるときめきを100キュンだとしましょう。現実にはなかなか、100キュンを叶えてくれる男性はいないかもしれませんね。

でも、道を譲ってくれた運転手さんの優しさに5キュン感じました。交番の前を通りかかったら笑顔で会釈してくれたおまわりさんに20キュン感じました。よく行くコンビニのちょっとイケメンは30キュンです。女性の同僚がのど飴をくれました。50キュンです。同性にだってときめいたっていいですよね。

あなたのときめきボタンを押してくれる人々は、たくさんいます。ときめきを感じると、女性ホルモンであるエストロゲンや、幸せホルモンであるセロトニンの分泌が活性化します。あなたはどんどん綺麗になります。さらに、ときめくことで脳内の神経伝達物質であるドーパミンが増え、幸せを感じやすい状態になります。「ときめき」と「幸せ」に敏感になるんですね。

現実のあなたのエネルギーも、どんどん高まっていきます。あなたのエネルギーが60になったとき、トム・クルーズ要素を60持った「60トムの男性」に出会っちゃうのです。あなたのエネルギーが100になったら、あなたにとってトム・クルーズばりのときめきを与えてくれる「100トムの男性」に出会います。

「現実にこんな素敵な人はいないから」と自分から扉を閉ざすんじゃなくて、あなたが先にときめき、キラキラと輝き、幸せを感じることで、あなただけのトムが磁石に引き寄せられるようにやってきます。

妄想と現実の両方を幸せに生きる

「現実逃避のために妄想をするけれども、やっぱり現実逃避したまま」と、「現実逃避のために妄想をするけれども、現実も生きていく」のではまるっきり違います。

前者は「妄想の中でだけ幸せだったらそれでいいから、現実の私は何もしない」。

後者は「現実でも幸せになりたいから、現実でもできることを少しずつやる」。妄想と現実、両方幸せに生きる。「妄想だけ」「現実だけ」に生きないように、うまくバランスをとってくださいね。

また、5時間目「顕在意識で決めない」ですが、これもやりすぎには注意です。ステーキセットが食べたいからって毎日のように食べていたら、そのうち財布の中身は空っぽになってしまいます。

「直感で生きる」のと「欲望のままに生きる」のは違います。欲望のままに生きていたら、人を傷つけることもあるかもしれません。その辺は、「顕在意識で生きる＝ちゃんと生きる」ことも大事ですからね！

現実世界で生きている以上、人として守るべきものは守る。このあたりも「顕在意識」と「直感」、どちらかに偏りすぎずにバランスをとってください。

顕在意識を働かせて妄想を育てる③ 幸せを感じることだけは怠けない

顕在意識にできる、三つ目のこと。それは「幸せを感じる気持ちを忘れない」ということです。

願いを叶えるため、幸せになるために頑張りすぎる必要はありません。ですが、幸せを感じることだけは怠けないでください。

「じゃあ幸せってなに？」って考えたら、そりゃもういろんなことですよ！　愛される幸せ、愛する幸せ、美味しいものを食べる幸せ、欲しいものを手に入れた幸せ……いろんな幸せがあります。

平和な国に生まれてきたことも、家があることも、水がすぐに手に入ることももちろん大きな幸せだけど、こういうものは無理やり幸せを感じるようなものではありません。

それよりも、好きな人と手を握って歩いたり、好きな人とおでこをコツンしたり、朝起きたら好きな人が隣りに寝ていたり、コンビニのホットドッグを食べて美味しいと感じたり、スマホゲームのガチャでSSレアが出たり、こういうときに感じる「ドキドキ」「嬉しい」「美味しい」「やったあ！」のほうが本当の幸せって感じがしますよね。

今ある幸せをちゃんと受け止める

私は好きな人と結婚して家族になり、作家になるという夢も叶いました。でも本当に感じる幸せは、しょっぱいお味噌汁を飲んで「今日は味噌が多かったね！」と家族と笑い合ったり、逆上がりができなくて落ち込んでる娘を抱きしめて励ましたり、連載を読んでる漫画の単行本を発売日にゲットしたり、応援してるJリーグチームが勝ったり、サンドイッチを作ってあまったパンの耳を「おいし！」って食べてるときだったりします。

こういった「ああ嬉しい」「ああ楽しい」「ああ美味しい」をたくさん体験するほど、人は「今日も幸せだったな」と感じ、いつか空に帰っていくときも「ああ、いい人生だったな」と感じるのでしょう。

それがたとえパンの耳だったとしても、自分が喜びを感じたら、それが本当の幸せです。

人は、幸せなことも不幸なことも、明日も同じように続き、1年後も続いていると錯覚しがちです。

でも、不幸だと感じる毎日を変えることができるように、幸せもずっと続くとは限りません。実際、大切な人との時間は無限ではなく、有限です。健康な体も、いつか失います。

だからこそ、今ある幸せをちゃんと受け止めてください。寒い日に自販機で温かいミルクティーを買ったとき。休日に二度寝するとき。好きなユーチューバーさんの新しい動画が配信されたとき。

こういう時間の積み重ねを「幸せ」と呼びます。**遠くにある大きな夢を思い描きながら妄想するのは素晴らしいことですが、今、手の中にある幸せを取りこぼさないでくださいね。**

妄想と現実の素敵な循環が始まる

「顕在意識で生きすぎない」「とは言ってもバランスは大事」「幸せを感じることを忘れない」ということが、初めはかなり難しいと思います。

これらは意識しないと、なかなか習慣づけることができません。

キーボードのブラインドタッチと同じようなものです。初めは目で見て、「えーっと、〝あ〟ってどこだったっけ」と頭で考えます。操作を『意識』しないと文字を打てないので、素早く入力することができませんが、慣れてしまうと指が勝手に動く状態になります。

私はもともとデータ入力の仕事をしていたので、文章を速く打つのは大の得意ですが、当然最初からできたわけではなく、何度も練習しました。ゾンビを倒すタイピングゲームで練習して、ゾンビを倒しまくってきましたから！

妄想と現実との付き合い方も同じです。何度も意識して習慣づけることで、妄想世界と現実世界を区切ることなく、うまくリンクさせることができるようになります。

妄想で幸せを感じたら、それが現実にも反映される。現実で幸せを感じたら、もっと幸せな妄想をしたくなる。こんな素敵な循環が始まります。

妄想は「逃げ」ではなく、あなたをより幸せにしてくれるための行為です。妄想をマイナス方向に向けるのではなく、プラス方向に向けてくださいね！

著者略歴

かずみん

1978年、京都府生まれ。アメブロ公式ブロガー。スピリチュアルや自己啓発とはまったく縁のない生活を送っていたが、奥平亜美衣さんの著書に出会い、2015年より引き寄せ、潜在意識の世界に足を踏み入れる。自分自身も無意識のうちに引き寄せの法則を使ってさまざまな成功を収めていたことに気づき、その体験をブログ「妄想は世界を救う。～妄想万能説～」に書きはじめたところ、「等身大でわかりやすい」と支持を得て、日本ブログ村哲学思想ブログ「引き寄せの法則」ランキングの上位常連となる。著書に『妄想は現実になる』『マンガでわかる「引き寄せの法則」』（ビジネス社）、『無限にお金を引き寄せる 妄想の法則』（日本文芸社）、『あほスイッチ』（ダイヤモンド社）などがある。

かずみんオフィシャルブログ：「妄想は地球を救う。～妄想万能説～」
https://ameblo.jp/kazuminhappiness/

魔法のアイテムで愛とお金を引き寄せる！
妄想のトリセツ

2021年6月1日　第1版発行

著　者　かずみん
発行人　唐津 隆
発行所　株式会社ビジネス社
〒162-0805　東京都新宿区矢来町114番地　神楽坂高橋ビル5階
電話　03(5227)1602（代表）
FAX　03(5227)1603
http://www.business-sha.co.jp

印刷・製本　株式会社光邦
カバー・本文デザイン　藤田美咲
イラスト　林 香世子
本文組版　茂呂田剛（エムアンドケイ）
営業担当　山口健志
編集担当　山浦秀紀

ISBN978-4-8284-2277-0